도자기로 본 세계사

Thinking Power Series - World History Collection 18
Porcelain in the World History

Written by Hwang yoon.
Published by Sallim Publishing, 2020.

생각하는 힘 – 세계사컬렉션 18

도자기로 본 세계사

문화 교류가 빚어낸 인류의 도자 문화사

황윤 지음

살림

도자기를 통해 보는 새로운 역사

오랜 문명에 걸쳐 인류가 만들어낸 기술력 중 우주항공 분야는 현대 기술의 정점으로 꼽힌다. 지구를 넘어 우주를 향해 뻗어나가는 인류의 꿈, 이것은 역사상 그 어떤 시기에도 하지 못한 새로운 도전이기도 하다. 그런데 이와 같은 도전에 도자기가 큰 활약을 하고 있다는 사실은 세상 사람들에게 생각 외로 잘 알려져 있지 않다.

도자기는 불에서 만들어진다. 뜨거운 열기를 이겨내면서 완성된 단단한 도자기는 우연인지 필연인지 인간의 손을 통해 인공적으로 탄생했고, 오랜 기간 발전을 거듭하면서 도자기 문화가 전 세계로 퍼질 수 있었다. 현대에 들어와 뜨거운 열기에서 탄생되는 도자기의 특성은 대기권 마찰열을 이겨내야 하는 우주선 타일로도 응용되기에 이른다. 섭씨 2,200도에서 구워진 도자기 타일은 섭씨 1,800도까지 견딜 수 있는 능력을 갖추고 있는데, 이것을 우주선에 붙이면 대기권 열기로 인한 섭씨 1,500도의 온도에서도 끄떡없다.

지금은 가정집 부엌에 가도 쉽게 만날 수 있고, 첨단의 기술력이 필요한 우주선에까지 응용되는 도자기는 과거 한때 일반인이 쉽게 접하기 힘든 귀한 상품으로 대접받았다. 세계에서 처음으로 도자기를 생산한 중국은 이를 수출하여 큰 부(富)를 획득했다. 중국에서 생산된 도자기는 전 세계로 뻗어 있는 무역로를 통해 곳곳으로 이동했다.

어떤 곳에서는 귀한 가치 때문에 전쟁의 전리품으로 활용되었고, 또 어떤 곳에서는 도자기를 제작하는 기술자들이 귀한 대접을 받으며 국경을 넘어 이동하기도 했다. 도자기는 이런 복잡한 과정을 통해 세계인이 사용하는 기물(器物)이 되었다.

세계사를 읽는 방법은 대부분 인물·국가·사건을 중심으로 확인하는 것이다. 그러나 우리 바로 옆에 있는 흔해 보이는 상품도 역사적 의미를 깊이 살펴보면 뜻밖에 수많은 사람과 세월을 거치면서 현재의 모습으로 자리 잡았다는 것을 알 수 있다. 그중 대표적인 것이 바로 도자기다. 도자기를 통해 그 기물이 만들어지던 사회의 모습과 흐름을 읽어본다면 역사를 새로운 각도로 해석하는 눈을 키우는 데 큰 도움이 되리라 생각한다.

2020년 2월

황윤

차례

제1장

최초의 도자기, 청자의 탄생

01

중국인의 옥에 대한 환상

도자기 이야기에 들어가기 앞서 '완벽'이라는 단어를 살펴보자. 완벽이라는 단어에는 완전무결(完全無缺)이라는 의미가 들어 있다. 아무런 흠이 없는 뛰어난 것을 뜻하는데, 이와 관련한 일화가 한나라 시대 사마천이 쓴 『사기(史記)』에 등장한다.

옥, 성 열다섯 채의 가치

춘추전국시대 진(秦)나라 왕은 조나라에 '화씨의 구슬'이라는 진귀한 보물이 있다는 것을 알고, 이를 자신의 성 열다섯 채와 바꾸자고 연락했다. 조나라는 약소국인지라 인상여라는 신하에게 보물을 맡겨 진나라 왕을 만나도록 할 수밖에 없었다. 하지만 막상 쉽게 보물을 손에 얻은 진나라 왕은 성을 준다는 약속을 지키지 않은 채 조나라 보물만 가지려들었다. 이에 인상여는 사실 구슬에 아무도 모르는 작은 흠집이 있다고 말하며, 이를 본인이 직접 왕에게 알려주겠다고 했다. 궁금해진 진나라 왕이 보물을 그에게 자연스럽게 다시 넘기자 다음과 같이 외쳤다.

"진나라는 천하 강대국입니다. 따라서 왕께서 성을 주시지 않는다 해도 조나라에서는 아무 말도 하지 못할 것입니다. 하지만 저는 성을 받지 못한다면 이 구슬과 함께 기둥에 머리를 박고 산산조각이 날 수밖에 없습니다."

그러고는 보물을 깨뜨릴 듯이 번쩍 드는 게 아닌가! 결국 진나라 왕은 귀한 보물이 이대로 사라질까 두려워 '화씨의 구슬'을 인상여가 다시 가져가도록 허락했다. 인상여가 발휘한 순간의 기지 덕분에 보물은 완전한 모습으로 조나라에 돌아오게 되었다. 이 사건을 계기로 '완벽'이라는 말이 생겨났다. 완전할 완(完)과 옥 벽(璧)이 결합된 완벽이란 단어에는 이러한 이야기가 숨겨져 있다.

이 일화는 당시 옥의 가치가 어떠했는지를 여실히 보여준다. 진나라 왕의 욕심 때문에 실현되지는 않았으나, 옥을 무려 성 열다섯 채와 바꾸겠다는 약속을 받았다. 그만큼 고대 중국인은 옥에 대한 관심이 남달랐다. 이는 문서로 된 기록뿐만 아니라 고고

학 조사를 통해서도 증명됐다. 대부분의 고대 중국 권력층의 고분에서 옥이 대량 출토되었기 때문이다. 가히 '옥의 나라'라 불릴 만했다. 특히 옥으로 만든 수의는 그 정점을 보여준다. 중국 내 최고의 국가적 보물이라 손꼽을 정도로 유명한 유물이다.

1968년, 허베이성의 한나라 중산정왕 유승의 묘에서 출토된 옥으로 만든 두 점의 수의는 그 화려함에 사람들이 깜짝 놀랐다. 이 가운데 무덤의 주인이었던 유승의 수의는 길이가 188센티미터로, 사용된 옥편이 무려 2,498개였으며 옥편을 꿰맨 금실도 약 1,100그램이나 됐다. 사람 형태를 그대로 둘러싸듯이 옥편을 짠

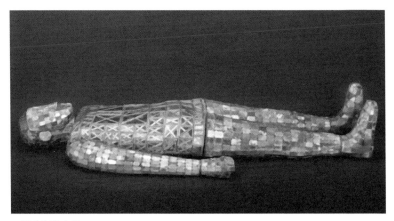

• **한나라 옥 수의**
중산정왕 유승의 부인 두관(竇綰)이 입은 것으로 금루옥의(金縷玉衣)라 부른다. 남성의 수의 못지않게 2,160개라는 상당한 개수의 옥조각이 사용된 수의이다. 옥을 귀하게 여겼던 시절인 만큼 당시 기준으로 볼 때 상당히 화려하게 느꼈을 것이다.

뒤, 이를 금실로 맞춘 형태였다. 또 다른 하나는 부인의 것으로 역시나 옥으로 세밀히 만들어진 보물이었다. 갑옷처럼 만들어진 옥 수의를 입으면 옥이 지닌 신비한 힘 때문에 시체가 썩지 않고 보존된다고 믿었기에 가능한 일이었다. 현대 연구에 따르면, 100여 명의 기술자들이 2년 정도의 시간을 투입하여 겨우 하나의 옥의를 제작한 것으로 보고 있으니 얼마나 공을 들였는지 알 수 있다. 과거 최고위층의 옥에 대한 관심은 이처럼 유별났다.

옥에 대한 집착과 청자의 완벽함

이렇게 남다른 옥의 위상 덕분인지 몰라도 청자에 대한 관심도 시대가 흐르면서 서서히 커지기 시작했다. 청자가 지닌 푸른 빛은 얼핏 옥의 색과 유사하여 갈수록 높은 가치를 지닌 무언가로 인식됐고, 이로 인해 춘추전국시대와 한나라, 위·진·남북조시대, 당나라를 거치는 동안 오랜 시간의 노력을 통해 완성도 있는 청자가 등장했다. 만일 글자 그대로 완벽한 청자가 만들어진다면 옥을 대신하는 물건이 될 수 있었기 때문이다.

청자의 기술 발전에 따라 점차 옥과 함께 청자가 무덤의 주요 부장품으로 선호되었다. 이윽고 옥의 대체품을 넘어 청자만이 지닌 새로운 미감마저 독자적으로 인정받으며 발달했다. 청자가 당대 공예품의 주인공 위치까지 올라선 것이다. 물론 이런 과정 속에서도 청자를 옥과 비교하는 평가 방식은 끊임없이 이어졌다.

당나라 육우(陸羽)가 760년에 쓴 『다경(茶經)』은 차에 대한 최초의 전문서로 평가되고 있다. 여기서 당대 유명한 청자인 월주요(越州窯)와 백자인 형요(邢窯)를 자세히 비교하고 있어 흥미롭다. 그런데 결론을 보면 형요가 은이라면 월주요는 옥이기에 그 가치에서 청자가 백자보다 낫다고 평을 하고 있다. 기술의 발전을 통해 옥과 같은 빛깔을 지니게 된 청자는 이제 그 어떤 것과도 비교하기 힘든 높은 가치를 지닌 것으로 평가되었다.

이처럼 고대 중국인의 옥에 대한 집착과 환상이 청자의 완벽함을 만들어내는 데 얼마나 큰 영향을 줬는지 알 수 있다. 옥처럼 만드는 것이 청자의 완벽으로 가는 길이었다.

02

청동 그릇을 본뜬 원시 청자

청자의 역사는 생각보다 훨씬 더 오래됐다. 중국 고대 왕국 상나라 시대(기원전 1600~기원전 1046)부터 원시 청자가 만들어지기 시작했는데, 당시 제작품을 현대의 기준으로 살펴보면 표면이 유리질로 완벽하게 덮여 있지 않아 많이 조잡해 보인다. 자기(瓷器)라 부르기에는 부족할지도 모르겠다. 그러나 조금 더 자세히 살펴보면 균일하지 않거나 일부 떨어진 흔적이 있지만, 분명 유약을 칠해 표면을 덮고 있는 청색이나 녹색의 얇은 막을 발견할 수 있다. 미약해 보이지만 이것이 유약을 바른 도자기의 시작이었다.

유약은 다른 말로 잿물이라고도 하는데, 나무 재가 지닌 성분으로 인해 가마 속 뜨거운 열기가 전해지면 유약이 그릇 표면에서 뭉치는 현상이 발생한다. 이 과정을 통해 반들반들한 유리질이 형성되면서 가마 밖을 나온 그릇은 단단한 외피를 입게 된다. 덕분에 그릇은 이전에 비해 더 단단해졌고, 액체나 물건을 담기

- **상나라 원시 청자(위)와 주나라 원시 청자(아래)**
  중국에서 원시 청자가 만들어지면서 유약을 바른 그릇이라는 틀이 잡히기 시작했다.

　　　　　　　　　　　제1장 최초의 도자기, 청자의 탄생

에도 기존 토기에 비해 편리해졌다. 처음에는 가마 안에 연료로 넣은 나무가 타면서 자연스럽게 생긴 재가 그릇 표면에 내려앉으면서 유리질이 등장하기 시작했다. 이 현상의 중요한 의미를 깨달은 장인들이 물에 재를 녹인 것을 그릇 표면에 바른 뒤 가마에 구워보거나, 흙에 재를 섞은 것을 표면에 바른 뒤 구워보는 등 다양하게 도전한 끝에 인공적인 유약이 만들어졌다. 유약은 흙으로 만드는 그릇의 급격한 발전을 가져왔고, 중국 도자기를 새로운 길로 안내했다.

군웅할거가 이끈 원시 청자의 대두

원시 청자는 이후 주나라, 춘추전국시대를 거치면서 생산량이 크게 늘어났다. 가마 기술의 발전과 함께 청자의 수요층이 증가하면서 생겨난 현상이었다. 이때 도자기의 형태로는 청동기를 닮은 것이 많았는데, 이를 통해 당시 사회 모습의 일부를 살펴볼 수 있다. 상나라나 주나라 등 고대국가들이 형성되면서 중국은 공통 조상을 모시고 제사를 지내며 집단이 서로 단결했고, 이때 사회의 질서를 유지하는 풍습인 종법 질서가 만들어졌다. 왕은 왕대로 제후는 제후대로 계급에 맞는 제사 그릇의 사용이 크게 중요시됐고, 당시 공예품 기술 중에서 가장 발전된 형태였던

- **전국 시대 청동 정(위)과 도기 정(아래)**

  청동기를 닮은 도자기의 대량 생산은 춘추전국시대 사회의 한 단면을 잘 보여준다.

제1장 최초의 도자기, 청자의 탄생

청동기를 이용한 제사 도구가 큰 인기를 누리게 된다.

하지만 이 틈에서 도자기 기술의 발전으로 고급 청동기를 대신할 수 있는 제사용 도자기가 청동기 형태를 모방한 채 꾸준히 만들어지기 시작했다. 그러다가 기존 종법 질서가 무너지고 다양한 세력이 곳곳에서 권력을 잡는 춘추전국시대가 펼쳐지자, 과거보다 더 많은 집단에게 가문의 권위를 세우기 위한 제사용 도구가 필요했다. 이에 청동기보다 훨씬 대량생산이 쉬운 도자기가 시장의 수요를 어느 정도 충당하게 된다. 결국 청동기 형태를 닮은 도자기는 한나라에 이르기까지 유행했다.

풍부한 표현으로 청자 시대를 예견하다

한나라 이후로는 서서히 도자기만이 지닌 특유한 미감이 인정받기 시작했는데, 역시 당시 공예품 발전사와 연결된다. 한나라 시대에는 청동기에 대한 인기는 한풀 꺾이고, 이를 대신하여 칠기가 고급 물건으로 자리 잡기 시작했다. 칠기는 나무에 옻칠을 여러 번 하여 완성도를 높인 공예품으로 청동기보다 쓰기에 깔끔하고 뜨거운 액체 등을 담기에도 효율적이었다. 붉은색과 검은색 등의 색을 조합하면 표면에 다양한 그림을 그릴 수 있었는데, 이런 회화적 화려함도 청동기가 가질 수 없는 매력으로 다가온다.

결국 어느 순간부터 칠기의 인기는 천정부지로 뛰어오르게 됐다. 사마천이 쓴 『사기』 중 부자 이야기를 담은 「화식열전(貨殖列傳)」에 따르면 칠기 한 점의 가격이 1,200전이었다고 하는데, 당시 군현 장관의 월급이 1,800~3,000전 정도였다고 하니 엄청난 고가품이었음을 알 수 있다. 철기 접시 하나가 청동기 접시 열 개 가격에 비견될 정도였다.

청동기를 대신하는 공예품이 이처럼 큰 인기를 누리자 도자기에 대한 미감도 이전과 달리 청동기 기준에서 벗어나 다양한 각도로 다가서게 됐다. 굳이 청동기를 닮을 필요 없이 도자기만이 보여줄 수 있는 표현력을 발전시키는 형태로도 만들어지기 시작한 것이다. 게다가 1세기에 이르면 청자의 유약 완성도가 높아져, 드물지만 기술상 원시 청자를 넘어서는 청자가 등장하는 부분도 주목할 만한 기술적 성과였다.

문화적으로는 사후 세계에 대한 관점이 한나라를 지나면서부터 서서히 달라지기 시작했고, 살아 있을 때 사용하던 물건을 그대로 넣기보다는 죽음 이후의 세계를 상징적으로 표현하는 명기(明器)를 넣는 것을 중요하게 여겼다. 이 부분에서 도자기가 중요하게 활용됐다. 흙으로 빚어 다양한 형태를 묘사할 수 있는 것이 장점으로 다가왔다. 도자기의 상당수가 무덤 부장품으로 나오는

• 서진 시대 혼백병
부장품으로 발전되던 도자기는 혼백병을 통해 한 단계 더 나아간 청자의 완성도를 보여주었다.

이유도 이 때문이다.

도자기의 새로운 모습을 상징적으로 보여주는 작품으로는 혼병(魂瓶) 또는 혼백병(魂魄瓶)으로 불리는 청자가 있다. 한나라 후기에 입이 다섯 개가 있는 오련관(五連罐)이 등장한 뒤 이 항아리 형태에 누각·사람·동물·신선·부처 등을 층층이 쌓아 표현하는 형식으로 발전했다. 용도는 아직까지 정확히 밝혀지지 않았지만 죽은 이의 영혼을 담기 위한 것으로 추정된다. 관 근처에 이 단지를 둠으로써 묘의 주인뿐만 아니라 자손에게도 복이 이어지기를 기원했다.

혼병은 기원후 260년 이후 약 50여 년간 장쑤·저장 등 중국 남부 지역에서 제작됐기에 지역의 특색을 보여주는 기물로도 평가된다. 무엇보다 이 도자기들은 하나같이 청자 유약이 충실하게 발라져 자기 특유의 반들반들한 표면을 자랑하고 있어 앞으로 본격적인 청자 시대가 열릴 것을 미리 알려주고 있다.

청자가 널리 퍼지다

한고조 이래 400년을 지속하던 한나라가 몰락한 후, 위·촉·오 3국이 각각 황제를 일컫는 삼국시대가 열렸다. 이렇게 시작된 분열의 시대는 진(晉)나라에 의해 잠시 통일이 이뤄졌으나 금방 남북조로 또다시 나뉘었고, 589년 수나라의 재통일 이전까지 무려 370년간 혼란이 이어졌다. 이 시기가 바로 5호 16국 시대다. 다만 당시 분위기는 북쪽의 다양한 민족이 중국 내로 들어와 자리 잡은 북방보다 그나마 한족이 중심이 된 남방이 사회적으로 안정됐다. 그 때문인지 도자기 산업도 남방 지역에서 한층 더 발달할 수 있었다.

월주요, 최고의 청자 생산지

한편 정치 혼란 속에서도 3~4세기에 이르자 중국에서는 청자라는 공예품이 본격적으로 생산되기 시작했다. 이때 생산품들을

- **남북조 천계호**
  한때 중국과 한반도에서 큰 인기를 누린 닭 머리가 장식된 도자기다.

살펴보면 과거 원시 청자가 지닌 한계를 확실히 극복했음을 확인할 수 있다. 흙의 질이 높아지고 균질해지면서 더 높은 온도에서 구울 수 있었으며, 유약도 청록색의 빛깔이 한층 강해져서 더욱 청자다운 빛깔을 보이기 시작했다. 당시 청자 생산으로 유명한 곳은 양쯔강 하류 지역이었는데, 춘추시대 월나라가 있었던 곳이라 하여 당나라 시대에는 이 지역 도자기를 특별히 '월주요'

제1장 최초의 도자기, 청자의 탄생

라 불렀다. 지역명이 명품 도자기 생산지 브랜드로 올라선 것이다. 이렇게 청자가 큰 인기를 얻다보니 월주요 형식으로 도자기를 생산하는 곳도 크게 늘어났고, 월주요 형식의 도자기 생산이 장쑤·저장·푸젠·광둥 등 남방 전 지역으로 확산됐다.

사실 월주요 지방은 과거로 더 올라가보면, 이미 상나라 때부터 원시 청자를 만들기 시작해 도자기 쪽에서는 당시 기준으로도 인정받는 곳임이 틀림없었다. 그러다가 남조 시대에 이르러 특유의 한족 귀족 문화에 영향을 받아 질과 미감이 새로워지면서 최고의 청자 생산지로 주목받았다. 덕분에 아직 질 높은 청자 생산이 되지 않던 중국 북방뿐만 아니라 한반도에까지 월주요 청자의 명성이 알려져 수출 시장에서도 대단한 명성을 얻을 수 있었다.

이렇게 생산된 청자는 앞서 설명한 혼병과 주전자 입을 닭 머리로 장식한 천계호(天鷄壺), 양(羊) 모양의 청자, 네 귀 항아리 등 다양하다. 이 가운데 천계호, 양 모양의 청자, 네 귀 항아리 등은 한반도에도 동시대의 백제를 통해 상당수가 수입되어 국내 박물관 전시로 널리 알려진 기형이기도 하다.

청자, 찻그릇으로 문화를 선도하다

하지만 5~6세기를 지나면서 월주요는 다시 한번 변모하게 된다. 명기보다는 사발, 접시와 같은 실용품이 전보다 많이 생산되면서 새로운 유행을 선도하기 시작한 것이다. 불교가 중국에 널리 퍼지면서 유행처럼 차 문화도 인기를 얻었다. 잔 표면에 연꽃을 장식한 청자들이 등장해 호사가들의 기품 있는 문화생활에도 한몫을 하게 됐다. 차 문화는 한나라 시대 후반부터 약제 용도로 인기를 얻기 시작했다. 그러나 그때까지 차는 분명 대중적인 음료가 아니었다.

그러나 위·진·남북조시대 남조 귀족들을 중심으로 차 문화가 자리 잡게 되면서 이윽고 차를 통해 인맥이 만들어지고 문화생활을 하는 상황까지 이르렀다. 도자기도 이런 문화에 발맞추어 차 문화에 맞는 상품이 개발·생산된다. 결국 월주요의 위상은 차 도구로서의 가치까지 올라갔다. 이후 차 문화가 전국적으로 완전히 자리 잡는 당나라에 들어오면 더욱더 높은 평가를 받는다. 월주요 청자 최고 전성기 직전의 모습은 이러했다.

중국 북방도 하루가 다르게 높아지는 청자의 인기에 영향을 받았다. 남방 기술의 영향 속에 6세기부터는 북방에도 속속 수준 높은 청자를 생산하는 가마가 등장하기 시작했다. 특히 남방

• **북제 청자 연화존**
  6세기 이후 중국 북방의 청자를 대표하는 도자기로, 중국의 전통적인 그릇 모양과는 구별되는 독특한
  미감을 보여준다.

의 한족 문화와 달리 유목민 등과 연결되던 북방만의 독특한 미
술 감각이 들어가 당당한 몸체를 지닌 청자를 선보였다. 이로써
수·당의 통일 시기에 들어와 전국적으로 도자기가 생산될 수 있
는 기초가 마련되었다. 이제 청자는 기술적으로 진정한 완성기
를 향해 가고 있었다.

04

옥에 비유되는 청자의 등장

월주요 최고 상품으로 평가되던 비색 청자(秘色靑磁). 이 청자의
위상은 지금도 대단한데, 중국 내 여러 박물관에서 해당 기물을
청자의 완성형으로 전시되고 있는 것으로도 쉽게 알 수 있다. 전
시된 월주요 청자 대부분은 10세기, 오대십국 시대의 작품으로
비색 청자의 명성이 한창 널리 알려질 무렵 제작된 그릇들이다.
눈으로 직접 보면 부족한 부분이 많아 조금 거리감이 느껴지던
이전의 청자와 달리 드디어 우리에게 익숙한 청자색과 형태를
보이고 있다.

특히 이 시대 월주요는 고려청자 탄생에도 큰 영향을 주었기
에 한국에서도 상당한 관심이 있는 중국 도자기다.

비색 청자, 전설 속 명품에서 '브랜드'가 되다
하지만 일부 문헌에는 이전인 당나라 시대부터 비색 청자가

- **당나라 청자 팔릉형장경병**
  이 도자기는 비색 청자가 당나라 시대에 이미 존재했음을 보여준다.

제작됐다는 기록이 있어 흥미롭다. 당나라 문인 육구몽은 그가 지은 시에서 "9월에 가을바람 불고, 이슬이 내리면 월요(월주요)가 문을 열어, 수많은 산봉우리의 비취색을 빼앗아온다"고 표현하면서 비취색의 월주요 청자를 이야기하고 있다. 이어 송나라 시대 여러 문인도 비색 청자의 시작은 오대십국 시대의 오월국이 아니라 당나라부터라고 주장했다.

송나라 이후에도 비색 청자의 기원 논쟁은 오랫동안 지속되었으나, 이에 대한 증거품은 현대에 들어와 발견된다. 중국 산시성에 위치한 파먼사(法門寺)라는 절에 873~874년 당나라 황제가 직접 사리를 공양하면서 봉납한 보물 중 월주요 청자가 있었다. 이것은 1987년 조사 중 뜻하지 않게 발견되면서 큰 뉴스가 된다. 다름 아닌 출토된 13점의 월주요 청자 중 12점이 지금 눈으로 보아도 최상품의 청자 빛깔과 옥 같은 질감을 지니고 있었기 때문이다. 게다가 황제가 시주한 목록을 새긴 석비에 따르면 이들 청자에 대해 '비색 자기'라 표현하고 있다. 그동안 숨어 있던 비색 청자의 고리를 찾아낸 사건이었다.

이처럼 비색 청자는 한때 전설과 같은 이름으로 남아 있었다. 당나라 멸망 이후 중국 남방 지역에 자리 잡은 오월국에서 비색 청자라는 월주요 청자를 생산하고 널리 수출하면서 큰 명성을 얻었으나, 당나라 시절 비색 청자는 거의 발견되지 않았기 때문이다. 사실 비색 청자의 비(秘)라는 한자부터 비밀스럽다, 신묘하다 등의 의미를 지니고 있으니 한때 월주요 청자 중에서도 최상품을 가리키며 황제나 왕 같은 최고위층만 접할 수 있었다. 고대 중국에서는 비(秘)의 발음이 옥을 뜻하는 벽(碧)의 발음과 동일했기에 비색은 '옥 같은 색'이라는 의미를 담고 있는 이름으로도 볼 수 있었다.

 그렇다면 당나라 시절 언제부터 옥과 비견되는 청자가 만들어진 것일까? 당나라 육우가 지은 『다경(茶經)』에서 월주요 청자를 옥에 비유하고 있었기에 이미 8세기에는 문인과 같은 귀족에게 옥과 유사한 청자로서 명성을 얻고 있었던 것으로 보인다. 다만 청자에 대한 호의로 가득 찬 당대 비평과 달리 지금의 기준으로 본다면 여전히 청자 완성도에서 분명한 한계점이 느껴진다.

 9세기에 들어서면 황제에게 바치는 공납품으로 최상품 청자는 비색 청자라는 이름을 지녔고 기존의 청자와는 감히 격이 다른 질을 보여주었다. 이쯤 되면 기술적인 부분은 차치하더라도 담담하게 느껴지는 귀족적인 미감은 현재도 모방하기 힘든 격을 지니게 된다.

 10세기에 들어서면 기술의 성장으로 고급 청자인 비색 청자도 대중화된 생산이 가능해진다. 현대 상품의 발전처럼 소수 고급화에서 대중화로 변하는 과정을 그대로 보여주고 있다. 이처럼 8~9세기를 거치면서 옥과 유사한 청자가 완성된 것이니 당나라 시대 들어오면서 청자의 완성도가 비약적으로 성장했음을 알 수 있다. 결국 최상품 수준의 청자들이 점차 대중화되자 나중에는 비색이라는 명칭도 옥 같은 질감을 지닌 청자라는 명칭으로 통틀어 일컬어진다. 그리하여 월주요 청자 외에도 일정 수준 이상의 빛깔을 지닌 청자라면 비색이란 이름이 붙는다.

법으로도 막지 못한 청자의 인기

당나라 시대에 청자가 크게 발달하게 된 계기로는 금과 은으로 만든 공예품의 사용을 금지한 칙령에서 찾는 경우가 많다. 양귀비와의 사랑으로 유명한 당 현종(재위: 712~756)이 황제이던 시절, '개원의 치(開元之治)'라 불리며 최전성기를 누리던 당나라에서는 평화가 지속된 만큼 사치 풍조가 큰 사회문제가 되었다. 당장 당 현종의 자녀가 59명이었고, 그의 넷째 아들은 자녀가 55명, 여섯째는 58명이었다. 이런 모습은 명망 높은 귀족들도 마찬가지여서 많은 자식을 낳고 물질적인 풍요를 즐기는 풍토가 매우 심해졌다.

이에 현종은 궁정에서 진주와 옥 장식물의 사용을 금지하고 금은 기물도 사용하지 못하도록 명했다. 그러자 금과 은을 대신하는 물건으로 사람들의 관심이 바뀌기 시작했고 도자기가 그 부분을 채우게 되었다.

차 문화가 당나라에 들어와 더욱 크게 인기를 얻은 점도 중요하다. 높아지는 차의 인기를 따라가지 못했던 옥그릇 생산량 때

- **당 말~5대 청자 완(위)과 5대~북송 초 청자 주자(아래)**

  차 문화의 발전은 도자기 선호로 이어졌다. 당대에 생산된 도자기의 상당수는 차와 관련된 상품이었다.

문에 도자기가 찻그릇으로 쓰이기 시작했다. 그러다 보니 사람들이 갈수록 차와 도자기가 서로 궁합이 잘 맞는다는 것을 인식했다. 청자 속 차의 맛에 대한 관심이 늘어나자 당연히 질 높은 청자를 선호하게 되었다. 월주요에서 찻그릇 생산 비율이 전체 청자 중 70퍼센트에 가까웠던 것은 이러한 차의 인기에서 비롯되었다.

결국 법령 제약의 미비와 차 문화 발달이라는 두 가지 이점 속에서 청자의 인기는 갈수록 높아지기 시작했다. 한때 관청수공업에도 관련 부서가 없을 정도로 낮은 대접을 받았던 도자기는 당나라 후반기에는 기존의 여러 공예품에 비견되는 대접까지 받았다.

청자가 이렇게 도자기를 상징하는 얼굴이 되니 곧 인기 있는 수출용 상품으로도 자리매김했다. 9세기 들어 월주요 청자는 한반도와 일본을 넘어 동남아시아, 서아시아, 멀리는 이집트 지역까지 수출되었으며, 당나라 멸망 후 월주요 청자 생산 지역에 세워진 오월국에서는 청자 생산으로 국가를 운영할 자금까지 마련할 정도였다.

사실 오월국은 나라 규모가 크지 않아서 분열기인 오대십국 시대에도 대외적으로는 감히 황제라 부르지 못하고 왕이라 부를 정도로 위세가 작았다. 그럼에도 청자가 지닌 힘으로 오랜 기간 국가를 지속할 수 있었다. 비색 청자를 중국 내 세력이 큰 국가에 공납 형식으로 제공함으로써 끈질긴 수명을 유지했기 때문이다.

예를 들어 송나라가 새로이 세워지자 오월국이 부담한 청자 공납 숫자는 무려 14만 건에 이를 정도였다. 하지만 엄청난 전성기를 구가하던 월주요 청자도 생산량에 대한 계속된 압박과 이에 따른 질적 하락, 나아가 더 품질이 높은 청자를 생산하는 요가 하나둘 생겨나면서 서서히 밀려나게 된다. 어느덧 월주요 청자를 대신할 새로운 청자의 시대가 열린 것이다.

한반도에서 발견되는 중국 청자

한반도의 고대국가들은 중국과의 깊은 관계 속에 다양한 문화를 성장시켰다. 그런 만큼 도자기에 대한 관심도 매우 클 수밖에 없었는데, 고구려·백제·신라 모두 중국 도자기와 관련된 유물이 출토될 정도다. 특히 삼국시대에는 백제의 고분과 토성, 궁터 등에서 중국 도자기가 유독 많이 발견되었기에 관련 연구도 많이 진척된 상황이다.

중국 도자기로 문화 교류를 선도한 백제

한(漢)나라는 기원전 108년, 고조선을 멸망시키고 한반도와 일본 등을 통제하기 위해 평양 지역에 낙랑이라 불리는 군현을 만들었다. 그러나 오랜 대립 끝에 4세기 초, 고구려에 의해 낙랑이 퇴출당하자 백제는 갈 곳이 없어진 중국 군현의 인재들을 적극적으로 받아들이면서 국가 시스템을 새롭게 정비했다. 한성 백

• **양 모양의 청자(위)와 청자 반구호(아래)**

　백제와 중국 남조 간의 교류를 증명하는 유물들로 한반도에서 이와 유사한 청자가 꽤 많이 출토됐다. 이
후 통일신라 시대에는 중국의 차 문화 영향으로 청자 찻잔이 많이 수입되었다.

제 시대 수도 역할을 했던 풍납토성이 4세기 중반 이후 중축 과정에서 규모가 대폭 커진 것도 그 결과다. 커진 국력을 바탕으로 백제는 기존 낙랑·대방이 해왔던 중국 문물 교류의 창구 역할을 함으로써 한반도 내 여러 소국과 일본 등을 통제하고자 했다. 372년, 백제 근초고왕(재위: 346~375)이 남조 동진으로부터 진동장군영낙랑태수(鎭東將軍領樂浪太守)로 책봉된 것이 그 예다. 이를 통해 400년 정도 이어져온 낙랑의 이름을 백제에 존속시키고, 중국과의 문화 교류에서도 삼국 중 가장 적극적으로 나섰다.

그 결과 중국에서 만든 도자기는 여러 중국 공예품과 함께 백제로 대거 수입되었고, 이것을 백제 왕은 중앙 귀족과 지방 유력자에게 하사하여 권력의 중앙 집권화를 꾀했다. 한반도 내에서는 제작할 수 없어 아무나 구할 수 없는 귀한 물건이었으니 대단한 효과를 주었을 것이다. 당시 백제가 수입한 도자기 중에서는 유독 청자가 많았는데, 대부분이 월주요의 청자라는 점이 흥미롭다. 천계호, 양 모양의 청자, 네 귀 항아리 등 3~5세기 월주요에서 생산한 주요 도자기를 수입하여 국내 통치 용도로 활용했다. 백제의 도자기에 대한 관심은 도기(陶器)의 발전에도 영향을 주어 백제는 동시대 신라에 비해 질적으로 우수한 도기를 만드는 능력까지 갖출 수 있었다.

중국 도자기의 확산과 한반도 청자의 발아

삼국 통일 이후에는 신라가 도자기 수입에 열정적이었다. 신라에서는 귀족 문화가 발달하면서 당나라 문화 수입에도 큰 관심을 가졌고, 이 과정에서 차와 청자도 유행하게 됐다. 고려 시대 이규보가 쓴 『남행월일기(南行月日記)』에 따르면 신라를 대표하는 스님인 원효대사가 차를 마셨다는 기록이 있다. 원효대사의 아들인 설총은 「화왕계(花王戒)」를 통해 왕이 지켜야 할 계율을 이야기했다. 이 가운데 "왕께서는 좋은 고기와 곡식으로 배부르게 드셔야 하옵고 차와 술로써 정신을 맑게 해야 하나이다"라는 대목이 나온다. 즉 차를 마시는 것이 인격 수양에 필요하다는 말이다. 이 밖에도 신라인은 제사에도 차를 올렸으며 질 좋은 차나무를 구하기 위해 당나라로부터 차 씨앗을 수입하여 심기도 했다.

"흥덕왕 3년(828) 12월, 당나라에 사신으로 대렴을 보내 조공했다. 이에 당 문종은 사신을 인덕전에 초대하여 잔치를 베풀었다. 대렴이 돌아올 때 차 씨앗을 가져왔다. 그러자 왕이 지리산에 심게 했다. 차는 선덕왕 때부터 있었으나 이때 와서 크게 유행했다."

-『삼국사기』,「신라본기」

이처럼 신라인의 차를 마시기 위한 노력이 남달랐으니, 당연히 당대 중국에서 인기리에 찻잔 역할을 하던 청자에 대한 관심도 클 수밖에 없었다. 현재 출토된 8~9세기 중국 청자들은 경주뿐만 아니라 지방의 절터, 성 등에서도 발견되고 있다. 이는 곧 신라의 수도인 경주 외에 지방 세력의 거점 지역인 성곽, 불교와 차의 중심지였던 절 등을 중심으로 전국적인 인기를 누렸음을 보여준다.

한편 청자를 안정적으로 수입하기 위해서는 중국과의 외교적 친밀성과 더불어 바닷길을 안정적으로 관리하는 것이 무척 중요했다. 문제는 당나라와 신라, 일본 간의 문물 교류가 계속 늘어나

• **경주 안압지 출토 청자 파편**
대부분이 찻잔으로, 통일신라 시대 차의 수요가 얼마나 많았는지를 알 수 있다.

자 자연스럽게 이를 노리는 해적들도 창궐했고, 이것이 큰 위험 부담으로 다가왔다. 바다에서 배를 이용해 사방으로 도망갈 수 있는 적을 상대로 방어한다는 것은 참으로 골치 아픈 일이 아닐 수 없었다.

이때 마침 장보고가 등장했다. 당나라에서 벼슬을 했던 그는 고향인 신라로 돌아와 828년부터 841년(또는 846년)까지 지금의 완도에서 청해진 대사직을 수행했는데, 뛰어난 실력으로 해적을 제압하고 한동안 동아시아 해양 무역을 전담했다. 그 결과 청해진의 중심 지역인 완도에서도 청자가 출토되고 있으며, 당시 일본은 중국으로 가는 바닷길을 신라 측에 전적으로 의존했던 만큼 장보고가 한반도를 넘어 동아시아 청자의 확산에 큰 역할을 했다.

당나라가 무너지던 때 신라에도 삼국 통일 이후의 적폐가 쌓이면서 한반도에는 새로운 분열이 일어났다. 후삼국시대가 도래한 것이다. 이때에는 중국과의 관계에서 후백제 왕 견훤(재위: 900~935)이 두각을 보였는데, 강남 지역에 세워진 오월국과 빠르게 국교를 맺고 백제 왕 책봉도 받아왔다. 이렇게 맺어진 후백제와 오월국의 관계는 끊임없는 교류로 이어졌고, 오월국이 자랑하는 청자 수입도 꾸준히 이루어진 것으로 보인다.

그러나 여기서 끝이 아니었다. 해남 지역에서는 9~10세기에 들어와 녹청자라 불리는 초기 형태의 청자를 생산하고 있었다. 인기가 높던 오월국 청자와 비슷하게 만든 것으로 품질에서는 뒤질지라도 가격 경쟁력에서는 승부가 되었다. 따라서 찻잔, 밥그릇 등으로 한반도에서 널리 쓰였다. 도자기 가마는 자금을 만들어내는 중요한 기반이었기에 당대 권력자라면 관심을 가질 수밖에 없었고, 후백제 영역이었던 만큼 견훤의 영향력 아래 운영된 적도 있으리라 추정한다.

한반도는 고대 왕국부터 중국 도자기에 대한 관심이 무척 높았다. 꾸준히 중국 청자를 중심으로 다양한 도자기를 수입하면서 관련 문화와 기술 등에 깊은 관심을 보였다. 그 결과 통일신라 후반기에는 중국 청자를 모방하여 얼추 형태를 비슷하게 제작하는 단계까지 올라서게 됐다. 이러한 경험은 고려 시대로 넘어오자 한반도만의 새로운 청자를 탄생시키는 중요한 기반이 되었다. 이제 중국에 이어 한반도에도 본격적인 도자기 생산 시대가 열린 것이다.

제2장

전성기를 맞이하는 청자

송나라, 문화 부흥기를 맞이하다

960년, 후주의 절도사 출신이었던 조광윤에 의해 송나라가 개국했다. 얼마 뒤 오대십국 70여 년의 혼란도 송나라의 통일로 마감되었으며, 중국은 다시 한번 문화적 부흥기를 맞이할 기회를 얻었다. 중국의 4대 발명품은 종이·인쇄술·화약·나침판이라고 한다. 이 가운데 세 개가 송나라 때 나온 것이니 이 시대가 지닌 역량이 어떠했는지 알 수 있다.

모든 길은 카이펑으로 통한다

송나라는 이전 중국 왕조들과는 달리 중앙에서 재정을 통해 국가를 운영했는데, 이를 위해 무엇보다 물자 수송과 배분에 큰 관심을 보였다. 전국의 다양한 물자를 수도 카이펑으로 보내고, 이것을 관료와 군사 운영비로 사용했다. 결국 주요 물자 이동 통

- **「청명상하도」**
  12세기 초 장택단의 작품이다. 북송 수도인 카이펑의 화려한 모습을 보여주는 작품으로 중국에서는 국보 중의 국보로 평가할 정도로 가치가 매우 높다.

로인 강과 운하를 따라 새로운 도시가 생겨났다. 정치·군사적 성격이 강했던 과거와 달리 송나라 시대 도시들은 경제·문화적 성격이 가미되면서 상업 발전을 더욱 가속화시키는 역할을 담당했다. 단순한 농업 기반의 사회였던 중국이 지역별 다양한 산업의 발달로 대규모로 물물 교류가 이루어진 것도 이러한 변화를 이끌어낸 원인이었다.

중국 인구가 1억 명을 넘어서고, 수도 카이펑은 인구가 130만 명을 훌쩍 넘기면서, 질뿐만 아니라 규모 면에서도 과거와는 비교가 되지 않는 엄청난 힘을 보였다.

이러한 사회 변화에 발맞춰 997년 송나라는 연간 8억 개의 주화를 주조하여 대거 유통시켰다. 이것만으로도 당나라 최대 주조량의 2.5배가 넘는 수치였다. 하지만 이 정도로는 부족했는지 1085년에는 주화 주조 숫자가 60억 개에 다다랐고, 100여 년 전보다 무려 일곱 배 이상이 증가했다. 나중에는 고액 화폐 운영을 위해 지폐를 사용할 정도였다. 마치 물물 교류의 실핏줄처럼 화폐는 자연스럽게 사용됐고, 상업의 거침없는 물결은 가장 보수적인 산업인 농업에서조차 시장에서 농산물을 화폐와 교환하게 만들었다. 물물 교류가 갈수록 늘어나자 농부들도 농사 외에 부업을 만들어 새로운 돈벌이를 고민할 정도로 여유도 많아졌다.

일취월장하는 송나라 도자기

한편 송나라에서는 과거를 통해 인재를 선발하는 제도가 더욱 강화되면서 이른바 사대부라 불리는 새로운 지배층이 등장한다. 이들은 학문과 예술을 이전과 다른 각도로 보기 시작했는데, 이는 시민 의식 향상과 여가 문화 발달에도 큰 영향을 미쳤다. 과거를 보려는 인구가 많아지자 식자층이 증대하면서 새로운 소비 구조를 가져왔다. 무엇보다 사대부가 가지고 있는 깊이 있는 사색과 철학을 추구하는 세계관은 예술품부터 일반 공예품까지 새로운 미적 감각에 영향을 미쳤다.

도자기 산업은 이러한 배경 속에 더욱 급속도로 발전할 수 있

었다. 사대부 집단이 보여주는 다양한 개성들은 도자기 품종의 다양함으로 연결됐고, 도시 문화가 발달하면서 생겨난 요식업과 차 문화의 발달은 그릇 소비로 이어져 도자기의 생산량 증가를 더욱 촉진시켰다. 이에 당대 최고의 위치에 자리 잡고 있던 청자와 함께 백자·흑자·채색 자기 등 여러 도자기가 어우러지면서 진정한 도자기의 혁신이 나타났다.

　당시 도자기 중 특히 손꼽히는 것을 5대 명요(名窯)라 하는데, 각각 정요(定窯)·여요(汝窯)·관요(官窯)·가요(哥窯)·균요(鈞窯)다. 이들 5대 명요는 지금도 명성이 대단하여 900년 가까이 시간이 흘렀음에도 여전히 가격 면이나 박물관에서 전시되는 모습에서 수많은 도자기 중 당당한 주인공의 역할을 하고 있다. 물론 이 밖에도 송나라 시대 인기가 높았던 용천요(龍泉窯)·자주요(磁州窯)·길주요(吉州窯)·요주요(耀州窯) 등의 도자기 역시, 여전히 이름값을 톡톡히 하며 송나라 시대 도자기의 명성을 이어가고 있다.

미감이나 완성도, 생산량과 같은 모든 면에서 일취월장한 송나라 도자기는 자국뿐만 아니라 해외에서도 대단한 인기를 누렸다. 송나라가 국가 차원에서 도자기 수출을 장려하면서 그 가치를 인정하는 주변국과 소비층이 더욱 늘어난 것도 도자기 이름값을 높이는 데 톡톡한 역할을 했다. 중국이 생산하던 어떤 공예품보다 도자기를 가장 높게 칠 정도로 그 위상이 달라진 것이다. 결국 우리에게 익숙한 도자기가 지닌 명성과 위상도 송나라 시대에 구축된 이미지에서 비롯되었음을 이해할 수 있다.

02

여요와 관요

송나라 시대 사대부들의 이상향을 표현했다는 여요는 명성이 높은 도자기다. 현재 완전한 형태로 전해지는 작품은 90여 점이 채 되지 않아 그 가치가 매우 귀하다. 한국에서는 여요와 고려청자를 비교하는 송나라 서긍의 글로도 잘 알려져 있는데, 그만큼 최고 품질의 청자를 상징하는 도자기였다.

하지만 단순히 질과 표현력에서만 여요가 의미 있는 것은 아니다. 여요는 기존의 도자기 공납 형식을 탈피하여 황실 전용의 가마를 통해 특별히 제작됐다는 점에서 이제까지의 도자기와는 분명 다른 격을 갖추었다.

여요, 더 특별한 청자를 만들다

주휘의 『청파잡지(淸波雜志)』(1192)에는 다음과 같은 내용이 있다.

"여요는 궁중에서 소성하며, 안에 마노 분말을 넣어 유약을 만들었는데, 진상할 것을 가려놓은 뒤에야 판매를 허가하여 근래에 더욱 얻기 힘들다."

즉 여요는 특별히 제작된 가마에서 만들었으며 시장에는 엄격하게 제약을 두고 거의 내놓지 않았다. 때문에 주휘가 이 글을 쓸 당시는 여요가 생산된 지 90년이 지난 시점임에도 이미 찾아보기 어려워졌다는 이야기다. 그렇다면 여요 이전에는 황실 전용 도자기를 어떻게 생산했을까?

도자기가 고급 공예품으로 자리 잡으며 황제와 귀족들이 깊은 관심을 갖게 된 것은 한나라 시대 이후였으나, 송나라 초기까지 황실 전용 가마로 특별히 제작하는 모습은 거의 보이지 않았다. 지방의 특산물을 조정에 바치는 방식으로 지역마다 생산된 도자기 중 질 좋은 것을 선별하거나, 필요한 형태를 따로 제작하면 이것을 받아 황실에서 사용하는 것이 일반적이었다. 이것을 이른바 공납(貢納)이라고 부른다. 하지만 북송 후반기에 들어와 주로 정요 백자를 공납받아 사용하던 송 황실에서 정요에 뭔가 결함이 있다는 이유로 이를 멀리하더니 여요라는 특별한 청자를 제작하도록 명했다.

- **서주 시대 청동 정(위)과 송나라 가요 청자(아래)**
  고대 청동기 기형을 바탕으로 도자기를 만드는 것이 송나라 시대에 들어와 다시금 큰 인기를 얻었다.

흥미롭게도 당시 송나라에서는 고대 청동기에 대한 관심이 대단했다. 송나라는 유교적 가치관을 실현하는 것을 이상으로 삼고 주나라 청동기를 조사하여 연구하는 데 큰 공을 들였다. 고대 청동기가 유교적 종법 질서를 바탕으로 제작된 기물 중 시원으로서 상징적이라는 것에 큰 의미를 부여했다. 이런 분위기 속에 고대 청동기를 그대로 모방해 만든 청동기도 송나라 때 새로이 인기를 얻게 되었고, 자연스럽게 도자기 모양에도 이러한 미감이 연결되기 시작했다. 특히 고대 청동기에 대한 지대한 관심은 북송 후반기에 절정을 이뤘는데, 바로 여요가 탄생하는 시점과 그대로 이어진다.

유교적 종법 질서와 위계질서의 제도화에 큰 관심을 보이는 사회 분위기 속에서 도자기 생산 방식 역시 황제의 것은 그 격을 달리하여 생산하는 형식적인 면에 관심을 가졌다. 이렇게 여요라는 도자기가 탄생되었다. 이후 이러한 제작 방식을 관요라 부르게 되는데, 송나라 뒤에도 명·청 시대를 이어가며 황제를 위한 도자기는 관요라는 제도를 통해 특별히 제약을 두어 제작되었다.

그렇다면 여요가 어떤 외관을 지녔기에 전설 같은 이미지를 만들 수 있었는지 살펴보도록 하자. 여요와 다른 여러 도자기 사이에 가장 비교되는 점을 고른다면 역시나 격조 있는 분위기를

• **북송 여요연화식완**
북송 시대 도자기를 상징할 정도로 높은 위상을 지닌 여요는 한반도의 고려청자 디자인에도 큰 영향을 준 것으로 유명하다.

들 수 있겠다. 긴장감이 흐르면서도 군더더기 없는 단순한 형태는 여요만의 특징이라 할 수 있다. 외부에 꽃과 같은 화려한 장식을 표현하지 않은 채 오히려 담담하게 마감한 것이 많다. 유약도 얇아서 마치 엷은 막처럼 보이며 그 안에는 잔잔하게 남아 있는 빙렬이 은은하고 깊은 맛을 만들어낸다. 색은 담청색의 푸른 옥색을 보이니 그 질감이 무척 귀티 난다.

결국 청자라는 기물에 투영하고자 하던 장점을 최대한 집어넣으면서도 번잡하지 않게 모양을 제작하여 절제미를 부여한 것이 여요가 지닌 격조다. 이는 겉보다 내실을 중시하던 당시 사대부가 추구한 유교 철학과도 일치하는 모습이었으니 과연 시대를 반영하는 작품이었다.

여요가 제작되던 시기는 서긍의 『선화봉사고려도경(宣和奉使高麗圖經)』과 고문천의 『부훤잡록(負暄雜錄)』을 바탕으로 송나라 철종(재위: 1085~1100)과 휘종(재위: 1100~1125) 즉위 시점인 1086년과 1106년 사이로 추정하니 약 20년간 생산된 것이다. 그리 긴 기간 동안 만들어지지는 않았는데, 그 뒤로는 아예 관요라는 명칭으로 1107년에서 1118년까지 여요 형태의 도자기를 생산했다.

하지만 청자의 이상향을 만든 기쁨도 잠시, 송나라에서는 엄청난 사건이 발생한다. 북방의 유목민인 여진족이 세운 금나라가 대규모 침공을 감행하면서 화려했던 수도 카이펑이 무너지고 송나라 황제마저 북방으로 끌려갔다. 1126~1127년에 발생한 이 일을 '정강의 변(靖康之變)'이라 부르는데, 당시 송나라 상황(上皇)으로 있던 휘종과 황제 흠종(재위: 1125~1127)을 포함하여 황족 3,000여 명과 관리, 기술자가 대규모로 인질이 되어버린 사건이었다.

결국 경제 부문에서 송나라가 아무리 발전된 모습을 보였더라도 갈수록 보수화되는 사회 풍토, 외교와 군사력에서 몸집에 걸맞지 않은 약체화, 문민 통치가 보여준 적극성 부재, 황제부터 즐

겼던 사치 풍조, 파벌 싸움의 정치 등이 문제로 쌓이면서 신흥국가인 금나라에 나라 절반을 빼앗기는 치욕을 얻었다.

하지만 송나라에 운이 아직은 남아 있었다. 황제 흠종의 동생인 조구는 금의 사신으로 뽑혀 수도 밖에서 대기하던 중 전쟁이 터지자 곧바로 남쪽으로 탈출한 뒤 우여곡절 끝에 남송 정부를 세운다. 이후 남송은 금나라와 화평 조약을 맺고 양쯔강 이남을 적극적으로 개발하면서 경제력을 새로이 갖추게 되었다. 이에 북방의 수많은 도공도 자신이 살던 지역을 버리고 남송 정부가 있는 곳으로 모여들기 시작했고, 이로써 남방 도자기에 다시금 전성기가 오는 계기를 마련했다.

다시 돌아온 관요, 뒤따르는 민간요

남송 황실은 여유가 생기자 다시 관요 제도를 도입했다. 수내사관요(修內司官窯)와 교단하관요(郊壇下官窯)는 우과천청(雨過天靑)이라 불리는 유명한 이름을 남긴다. 우과천청이란 비가 그치고 갠 맑은 하늘의 색이라는 의미인데, 맑고 푸른빛을 시적으로 표현한 것이다. 남송 관요들은 여요에 비해 빙렬을 인위적으로 과감하게 표현한 것이 많았으며, 고대 청동기나 옥기를 모방한 형태도 이전보다 인기리에 제작됐다. 현재의 가치는 여요 정도는 아니지만

• **남송 수내사관요 쌍이현문호**
　남쪽으로 송나라 정부가 옮겨 간 후 만들어진 황제를 위한 고급 도자기다.

1급 청자로 인정받고 있다. 세계적으로 유명한 박물관들도 여요
를 사실상 구하지 못하는 상황에서 대신 관요를 수집하여 전시
할 정도다. 이렇게 만들어진 남송 관요는 원나라에 의해 나라가
멸망할 때까지 이어졌다.

　여요와 관요는 송나라 시대 새로운 도자기 생산 제도로 자리
잡았고, 황제를 위한 특별한 도자기 생산은 민요(民窯)에도 기술
적·형태적인 영향을 크게 미친다. 이에 강남 지역에 월주요를 대

신하여 대중 도자기 생산으로 새로이 인기를 얻기 시작하던 용천요에서도 이러한 고급 자기의 형태와 미감을 수없이 모방했다. 이러한 민요들의 노력은 기술적 성과를 전체적으로 상향 평준화시키는 결과로 이어진다.

결국 다음에 보여줄 기술적 진화는 고급 자기의 대량 생산화였다.

03

고려청자의 탄생

12세기 고려청자를 '비색 청자'라 불렀다는 사실은 한국인에게는 잘 알려진 이야기다. 아무래도 청자의 빛깔이 비취옥(翡翠玉)의 색을 닮아 비색이라 이름을 붙인 듯하며, 이는 1123년 고려에 사절단의 수행원으로 온 송나라 서긍이 쓴 책에 자세히 등장한다. 그는 고려에 한 달간 머무르며 보고 들은 경험을 바탕으로 글과 그림이 수록된 책을 엮었다. 이를 『선화봉사고려도경』이라 하는데, 현재 그림은 없어지고 글만 남은 상태다. 그럼에도 외지인이 본 고려의 모습을 담은 책이기에 귀중한 자료라 할 수 있다.

여하튼 서긍은 고려에 대한 여러 이야기를 남기면서 "중국의 문물을 받아들여 오랑캐 중에서는 그나마 문물이 발달하고 예의가 바르다"고 평하고 있는데, 고려청자에 대해서는 비색을 언급하면서 송나라의 여요와 비슷하다는 이야기를 하고 있다. 이를 볼 때 12세기 전반 고려청자는 문화적 자긍심이 남달랐던 송나

라 사람의 눈에도 여요와 비견될 만한 모습을 지니고 있음을 알 수 있다. 이는 상당히 완성도 높은 청자를 한반도에서 생산하게 되었다는 것을 의미한다.

비색 청자, 한반도 도자사의 절정에 이르다

사실 한반도 청자의 역사에서 중국 도자기는 절대 빠질 수 없는 중요한 요소였다. 통일신라 후기부터 당나라 월주요 청자를 닮은 녹청자를 만들면서 고급 청자를 만들 수 있는 기술 기반은 구축한 상황이었으나, 그 이상 발전하기 위해서는 더 많은 노력과 시간이 필요했다. 이에 다양한 도전을 통해 꾸준히 월주요의 청자를 모방하는 그릇을 제작하며 기량을 키워나갈 수밖에 없었다. 11세기가 되사 드디어 청자다운 모습을 지닌 도자기가 만들어지는데, 마침 고려도 문화 부흥기를 맞이하고 있었다.

후삼국시대를 통일한 고려는 993년부터 1019년까지 세 차례에 걸친 거란의 대규모 침입을 막아내고 오히려 강동 6주라는 영토까지 확보하는 데 성공했다. 이에 송나라마저 꺾었던 거란의 요나라를 상대로 고려가 승리했다는 자부심이 생겼고, 대내외적으로도 실력을 인정받게 된다. 이후 고려·송·요 3국이 팽팽하게 자리 잡는 세력 균형의 시대가 열리는데, 큰 규모의 전쟁이 한동안 사라지면서 3국 간 문물 교류도 이전에 비해 훨씬 활발해지기 시작했다.

이런 과정을 통해 고려는 송나라와 요나라의 다양한 도자기를 접하면서 청자 기술을 향상시킬 수 있었으며, 급격한 기술 성장도 이때 이뤄졌다. 청자의 유약은 한층 더 고급스럽게 발전했고, 송나라 등의 도자기 형태를 모방하여 꽤나 세련되게 만들어졌다. 이렇게 꽃을 피우기 시작한 고려청자는 12세기에 들어오자 드디어 순청자의 전성기를 열어 보인다.

지금도 국립중앙박물관이나 해외 유명 박물관에서 대표적으로 선보이는 고려청자는 이 시기의 것들이다. 가히 비색 청자의 절정이라 할 수 있다. 당연히 송나라 사람들도 순청자의 고려자기를 높게 여겼으며, 천하제일의 품목 중 하나로 평하며 수집을 권유하기도 했다.

흥미로운 점은 서긍의 말대로 동시대 여요의 형태를 닮은 12세기 고려청자를 꽤 많이 찾을 수 있다는 것이다. 사진으로 비교해보면 두 청자의 모습이 꽤 닮아 있다는 걸 쉽게 확인할 수 있다. 여요를 가장 많이 소장하고 있다는 타이완 고궁박물관에서는 비슷한 시점에 제작된 고려청자와 여요를 서로 비교하는 전시가 있었을 정도로 해외에서도 관심을 보이는 주제이기도 하다. 이는 고려의 청자 제작 실력이 중국 청자를 목표로 일취월장했다는 것을 보여준다. 물론 미감에서 중국풍을 여전히 벗어나지 못한 한계도 있었다.

상감청자의 화려한 등장과 고려청자의 퇴조

중국 최고의 청자를 완벽하게 고려 느낌으로 소화하기 시작한 고려청자는 이제 자신들만의 독창적인 분위기를 선보이기 시작했다. 음각과 양각, 투각 등을 세밀히 넣은 도자기를 12세기 중·

• **고려 13세기 청자 상감운학문매병**
대중에게 유명한 국보 제68호 간송미술관 소장품과 거의 유사한 장식을 보이는 호림박물관 소장품이
다. 상감청자 전성기의 탁월한 미감을 보여준다.

후반부터 열정적으로 만들었다. 이윽고 요나라와 금나라의 북방
청자에게서 전수받은 상감 표현을 과감하게 회화 부분을 강조하
는 형태로 발전시키면서 상감청자(象嵌靑瓷)라 불리는 고려 양식
을 만들어냈다. 현대에 들어와 13세기에 큰 인기를 누린 상감청
자는 고려만의 특징을 지닌 청자라 하여 큰 의미를 부여하고 있
는데, 사실 이 부분에 관해서는 당시 역사적 이해가 필요하다.

송나라가 금나라에 무너지고 중원을 뺏긴 채 남쪽으로 쫓겨나

제2장 전성기를 맞이하는 청자

자 고려도 송나라에 대한 문화적 의존에서 벗어나려는 분위기가 만들어졌다. 더 이상 송나라를 선진국이자 강대국으로 보는 관점이 유지되지 못한 것이다. 게다가 고려 내부에서 문제가 발생한다. 귀족 문화의 한계 속에서 무신들이 반란을 일으켰고, 그 결과 무신이 권력을 잡는 시대가 열린다. 이들은 자주성을 강조하면서 기존의 귀족 문화를 배격했는데, 이 과정에서 화려하게 장식된 도자기에 대한 선호도가 높아졌다. 자연스럽게 중국풍 순청자를 대신하여 회화 장식이 크게 그려진 상감청자가 주인공의 자리에 올라서게 된다. 이렇게 장식된 그림들은 당시 고려인이 좋아하거나 이상향으로 여긴 주제를 담았고, 그런 만큼 고려인의 개성을 더욱 잘 풍기는 작품이 되었다.

이후에도 고려청자는 꾸준히 명맥을 유지했는데, 고려뿐만 아니라 몽골이 세운 원나라에서도 고려청자를 높이 인정해 공물로 받을 정도였다. 1260년 대몽 항전을 포기한 고려는 원나라의 부마국이 되어 체제를 유지하기로 했다. 이때 원나라 황제 쿠빌라이 칸(재위: 1260~1294)과 맺은 공물 관계에서 고려청자는 고려의 특산물로 포함되었으며, 『고려사』에 따르면 고려청자를 중국인 고관에게 선물로 주는 경우도 잦았다고 전한다. 실제로 원나라 시절 재상을 지낸 사천택의 무덤에서 국보 제68호 상감청자 운학문매병과 유사한 장식과 형태를 지닌 상감청자가 출토되어 큰 뉴스가 된 적이 있다.

이처럼 고려청자는 중국의 영향 속에 발전했으나, 어느덧 고려청자만의 특징을 선보이면서 중국 등 여러 나라에서 관심을 가지고 소장할 정도로 명성을 얻었다. 하지만 그 명성도 영원하지는 않았다. 원나라 부마국으로 존속하던 고려는 꾸준히 국력을 소진했고, 고려청자도 이와 함께 점차 수준이 떨어지기 시작했다. 게다가 원나라 황실과 귀족이 고려청자보다는 경덕진(景德鎭) 백자나 용천요 청자, 균요와 같은 다른 자기에 관심을 가지면서 큰 소비처가 떨어져나간 것도 1급 도자기의 명맥을 유지하는 데 한계로 다가왔을 것이다. 결국 중국에서 백자 전성 시대가 열림과 동시에 고려청자의 명맥도 조용히 사라지고 말았다.

04

청자의 완성, 용천요 청자

서양에서는 청자를 셀라돈(celadon)이라 부른다. 이는 프랑스인들이 청자를 일컫는 발음에서 이어진 것인데, 청자 중에서도 다름 아닌 용천요 청자를 가리킨다. 프랑스 작가 뒤르페(Honoré d'urfé)가 쓴 목가소설 『아스트레(L'Astrée)』에는 셀라동(céladon)이라 불리는 양치기 소년과 아스트레라는 여주인공의 사랑 이야기가 담겨 있다. 소설의 인기가 엄청나 이후 희곡으로 각색되어 무대에서 연극으로 상영되기 시작했고, 관객들은 특히 초록 옷을 입은 셀라동이 등장할 때마다 환호하며 열광했다고 한다. 때마침 중국의 용천요 청자가 프랑스로 수입되고 있어 청자의 색이 마치 셀라동이 입은 초록 옷과 같다 하여 유명세를 얻더니, 아예 셀라동이 청자를 뜻하는 이름이 되어버린 것이다. 17세기 유럽에서 용천요의 명성이 어떠했는지를 잘 알려준다.

용천요 청자, '수출 효자 상품'이 되다

유럽에서 대단한 명성을 얻게 된 용천요는 다름 아닌 송나라 시대에 자리 잡게 된 청자 생산지였다. 사실 저장성에 위치한 용천요 생신지는 오랜 기간 교통이 편리한 곳이 아니었기 때문에 뛰어난 도자기를 만들 수 있는 흙이 있었음에도 그다지 주목받지 못했다. 그러나 송나라 시대에 수운과 같은 내륙 교통 시설의 정비가 이뤄지고 다양한 대책이 마련되면서 주요 도자기 생산지로 점차 알려졌다. 처음에는 월주요의 청자와 비슷한 형태의 것을 만들었는데, 청자를 대거 공납으로 받아 가던 송나라 조정 때문에 부담을 느낀 월주요에서 일부 도자기 생산을 용천요와 함께 나누면서 생긴 현상이었다. 그러나 월주요가 기술과 질적 부분의 한계로 송나라 시대에 들어와 몰락해버린 이후에는 아예 용천요가 중국 남부 지역을 대표하는 청자 생산지로 올라서게 되었다.

북송 시대에는 북방의 여러 도자기 생산지 명성에 밀려 품질보다는 합리적인 가격의 청자를 생산하는 이미지 정도만 갖추고 있었으나, 남송 조정이 이곳 근처로 옮겨 오자 대접이 완벽하게 달라졌다. 대외무역을 통해 필요한 세수(稅收)를 적극적으로 충당하려던 남송 조정은 품질 높은 청자를 대량으로 생산할 수 있는 이곳의 가치를 새롭게 깨닫고 적극적으로 투자에 나섰다. 배를 이용한 대규모의 해상 유통이 바로 그것이었다.

이에 용천요는 '수출용 자기'라는 대단한 명성을 남송 시대부터 이미 갖추기 시작했고, 완벽한 기반이 구축되자 원·명·청 대에 이르기까지 이곳은 수출 청자의 첨병으로 활약했다. 오랜 기간 용천요는 감히 다른 지역과 국가에서는 넘볼 수 없는 청자 생산지가 되었는데, 이는 가격과 품질, 생산량까지 모든 면에서 업계 최고 수준이었기 때문이다. 생산·유통·브랜드가 합쳐져 만들어진 결과물이었다.

청자 생산 기술의 종착지가 된 용천요

현재 수출용 자기로서 용천요가 보여준 실력은 중국에서 멀리 떨어진 인도·서아시아·유럽 등지에 남겨진 청자만으로도 확인할 수 있지만, 한국에도 이와 관련한 대단한 유물들이 발견됐기에 더욱 주목받는다. 바로 신안 앞바다에서 발견된 보물선이다. 원나라 시절인 1323년, 중국에서 일본의 사찰이 주문한 품목을 싣고 가던 배가 그만 신안 앞바다에서 침몰해버렸다. 당시로서는 자주 일어나는 바다 사고 정도로만 인식되어 얼마 뒤 대부분 사람들의 기억 속에서 사라졌다. 그러다 1976년, 뜻하지 않게 한

- **청자 어룡장식병(위)**

  1976년 신안선이 발견된 후 찾아낸 용천요 중에서도 손꼽히는 도자기다. 일본이 특히 좋아했던 모양으로 일본에 같은 형태의 도자기가 전해져 지금도 여럿 남아 있다.

- **청자 모란문병(아래)**

  당시 용천요는 시장의 요구에 따라 청자 모란문병과 같은 다양한 모양의 도자기를 생산했는데, 신안선 발굴 유물에서도 그러한 모습을 살펴볼 수 있다.

국 어부가 던진 그물에 잠들어 있던 도자기가 걸리면서 다시금 세상에 알려졌다.

조사를 해보니 배에서 수습되어 건져진 것만 헤아려도 중국 도자기 2만 2,000여 점이 있었는데, 이 가운데 용천요가 1만 4,000여 점이나 되었다. 불과 한 척의 배에 이처럼 어마어마한 양의 도자기를 싣고 해외 수출 시장에 나섰던 것이다.

용천요는 고급부터 평범한 제품까지 갖추고 있었으며, 모양과 종류도 무척 다양해 소비자의 욕구를 최대한 맞추고 있었음을 알려준다. 특히 일본인이 좋아한 그릇 모양은 남송 시대에 제작된 봉이병(鳳耳甁)으로, 침청자(砧青瓷)라 불리는 분청색의 청자다. 신안선 수습품뿐만 아니라 일본의 일부 사찰에서는 아직도 당시 수입한 봉이병 작품을 완벽히 보관하고 있을 정도로 각별한 사랑을 받아왔다. 특히 이 청자에 표현된 색감은 고급스러운 청자의 느낌을 더욱 살려주고 있는데, 꾸준한 노력을 통해 용천요가 만들어낸 결과물이기도 하다.

앞서 보았듯이 용천요는 남송 조정의 다양한 혜택을 받게 되면서 품질이 일취월장하기 시작했다. 그런 만큼 자본이 몰리자 더 높은 수준의 청자에도 도전했으니 자연스럽게 관요에서 생산되는 자기의 미감과 색을 표현하는 데도 집중하게 되었다. 고급 도자기의 최종 이미지를 지니고 있는 관요가 다음 목표가 된 것이다.

이렇게 제작된 청자들은 남송 시대에 인기 절정이었던 고대 정동기 기형을 하고 있는 작품이 많았는데, 이 역시 고대 청동기 기형에 주력하던 남송 관요를 모방한 것이었다. 색감도 청자의 매력을 높이는 중요한 요소여서 이 부분의 노력도 이어졌다. 드디어 분청유를 사용해 고급스런 옥빛을 낸 청자가 탄생했다. 유약이 관요 제작품에 비해 두껍고, 덕분에 질량감이 느껴진다는 것을 제외하면 얼추 고급 자기의 위상도 갖출 수 있었다.

이러한 결과물을 바탕으로 분청색을 지닌 용천요만의 기형도 고급 자기의 품목으로 하나둘 만들기 시작했다. 이 가운데 하나가 일본이 좋아하는 봉이병이었다. 특히 아름다운 작품에 대한 평은 관요, 가요와 같은 최상품 도자기와 비교될 정도에 이르렀다.

결국 고급 자기부터 일반 실용품까지 다양하게 제작할 수 있는 재주와 이를 시장에서 원하는 만큼 대량으로 생산할 수 있는 힘은 용천요의 위상을 크게 높여준다. 단순히 하나하나의 도자기가 지닌 예술성이나 완성도를 넘어 산업적인 형태로 평가해본다면, 가장 완벽하게 운영되고 있는 완성형 청자 생산지로 꼽힐 수밖에 없었다.

• **용천요 청자 완**
무로마치 시대 제6대 쇼군 아시카가 요시마사(재위: 1449~1473)가 사용했던 찻잔이다. 밑바닥에 금이 간 것을 고치기 위해 중국으로 보냈다. 그러나 이와 같은 최상품은 이곳에서 더 이상 생산되지 않는다면서 꺾쇠로 고정시킨 뒤 일본으로 다시 돌려 보낸 일화로 유명한 도자기다.

이렇게 청자는 고대부터 옥의 미감을 향한 노력을 질주하여 용천요까지 오게 되었다. 시간의 흐름에 따라 기술의 발전으로 고급 자기가 생겨나고, 이러한 고급 자기를 대량 생산할 수 있는 능력을 갖춘 후 또다시 기술 발전과 대량 생산화 등의 변화를 겪으면서 만들어낸 근대 이전 청자의 최종 도착지였다.

이후 용천요는 앞서 살펴보았듯 명·청 시대에도 청자 생산지의 위상을 잃지 않았고 이때 생산된 물품들은 청자를 상징하는 브랜드로 지금까지 남아 있다. 다만 안타까운 점은 청자의 최종 진화를 보여준 이때부터 사람들의 미감이 다시금 크게 변화하기 시작했다는 사실이다. 새로운 도자기 품종인 청화백자가 등장한 것이다.

제2장 전성기를 맞이하는 청자

05
청자를 만날 수 있는 박물관

한국에서는 청자 하면 고려청자가 가장 먼저 생각난다. 당연히 고려청자를 전시하는 곳은 그나마 많이 찾아볼 수 있다. 하지만 A급 고려청자를 만날 수 있는 곳은 공교롭게도 서울에 거의 집중되어 있는데, 국립중앙박물관과 삼성미술관 리움, 그리고 호림박물관이 유명하다. 이 세 박물관은 교과서에서나 만날 수 있는 수준 높은 청자를 상당수 소장하고 있으며, 상설 전시를 통해 언제든 쉽게 만나볼 수 있다.

하지만 고려청자 외에 세계적 인기를 누린 중국 청자를 국내에서 만나기는 쉽지 않은 일이다. 유물 수집의 역사가 다른 선진국에 비해 무척 짧고 그 폭도 좁아 아직까지 우리 것을 공부하고 수집하는 것에만 익숙하기 때문이다. 다만 국립중앙박물관은 전신인 이왕가박물관 시절부터 다양한 역사를 포괄하기 위해 한국 이외의 아시아 유물도 수집했다. 그 결과 중국의 월주요 청자를 비롯하여 송나라의 도자기까지 한정적으로나마 만날 기회를 만들어주고 있다. 특별히 원나라 시대 신안선 출토품은 공간을 따로 마련하여 전시하고 있어 이 부분에서는 큰 강점을 지닌다. 더 과거의 중국 도자기는 백제 고분 등에서 출토된 육조시대 청자가 일부 전시되어 있어 박물관의 공간을 잘 활용한다면 중국 도자기의 발전 흐름도 얼추 확인해볼 수 있다.

요새 위에 세워진 문화 교류의 보고, 난징 육조박물관

고대 한국과 연계된 중국 도자기의 흐름을 조금 더 상세히 확인하고 싶다면 어디를 방문하는 것이 좋을까? 2014년 중국 난징에는 '난징 육조박물관'이 설립되었다. 이곳에는 3세기부터 6세기 말까지 난징에 수도를 두고 존재하던 동오(東吳)·동진(東晉)·송(宋)·제(齊)·양(梁)·진(陳)의 육조(六朝) 국가 유물을 중점적으로 전시하고 있는데, 육조시대 궁이었던 태성(台城) 성벽 위에 박물관을 세웠다. 이런 모습은 프랑스가 자랑하는 루브르박물관이 과거 요새가 있던 성벽 위에 위치한 것과 유사하다. 마침 난징 육조박물관 건물을 디자인한 사람이 루브르의 유리 피라미드를 디자인한 중국계 미국인 이오 밍 페이(I. M. Pei) 아들이라는 건 묘한 우연처럼 느껴진다.

• **난징 육조박물관**

중국 난징에 있는 박물관으로 2014년 8월 12일에 개관했다. 루브르박물관 피라미드를 설계한 중국계 미국인인 이오 밍 페이의 아들이 설계했으며, 미적으로 뛰어난 박물관으로 인정받고 있다.

이곳 내부에는 당연히 육조시대 유물이 전시되어 있으며 특히 백제와 연결할 만한 고미술품이 굉장히 많다. 전시품을 보면 자연스럽게 중국 남조와 백제의 관계를 이해할 수 있다. 여기서는 월주요의 다양한 청자를 만나볼 수 있으며, 이 가운데 상당수는 백제 고분에서도 출토되는 것들이라 그 익숙함에 반가울지도 모르겠다. 이곳의 하이라이트 중 하나는 남조 시대 벽돌로 만든 묘를 복원해둔 것으로 그 모습이 백제 무령왕릉과 무척 비슷하여 놀라울 정도다. 이처럼 난징 육조박물관을 방문한다면 고대 한

국과 중국 간의 문화 교류와 특히 도자기의 이동 경로를 파악할
수 있다.

세계 최고의 여요 소장처, 타이완 고궁박물관

한편 송나라 도자기의 꽃인 여요를 만나는 건 국내에서뿐만
아니라 전 세계에서도 결코 쉬운 일이 아니다. 그나마 열 점 가까
이 소장하고 있는 곳은 타이완 고궁박물관, 베이징 고궁박물원,
영국박물관(British Museum) 내 데이비드 컬렉션, 상하이 박물관 정
도에 지나지 않는다. 결국 중국 외 지역이라면 단 한 점만 박물관
에 소장되어 있어도 도자기 컬렉션의 명성이 크게 올라갈 수 있
을 만큼 명품 중의 명품이다.

한국에서 여요를 볼 수 있는 가까운 지역으로는 타이완 고궁
박물관이 꼽힌다. 이곳은 중국을 두고 마오쩌둥과 벌인 경쟁에서
패배한 장제스가 타이완으로 정부를 이동할 때 명·청 황제들이
모아둔 컬렉션 상당수를 가져온 것을 바탕으로 만들어진 박물관
이다.

여요는 타이완 고궁박물관의 자랑이기도 한데, 이곳에는 세
계에서 가장 많은 20점 이상의 여요가 소장되어 있다. 물론 여요
외에도 송나라 시대 5대 명품 자기를 비롯한 다양한 도자기 컬렉

션이 소장되어 있다. 덕분에 이곳을 방문하면 중국 도자기의 진수를 직접 눈으로 확인할 수 있다. 최근에는 아시아 전시관을 확충하면서 고려청자 등 한국 도자기도 수집하고 있는데, 가격과 기회 문제로 A급 고려청자는 거의 구입하지 못하고 있다. 결국 중국에서 자체 생산된 명품 도자기를 볼 수 있는 곳으로는 좋으나 한국인 입장에서는 아쉬운 박물관이라 할 수 있다.

동양 도자기의 성지, 오사카 시립 동양도자미술관

그렇다면 고대 중국 도자기의 태동부터 당·송 최고의 명품 자기, 더 나아가 고려에서 만들어진 최고급 고려청자 등도 모두 만날 수 있는 곳은 어디일까? 이렇게 폭넓게 기준을 잡으면 전 세계에서 마땅한 곳을 거의 찾아보기 힘들다. 대부분의 이름난 박물관에는 중국 도자기가 충실히 소장되어 있어도 한국의 작품은 숫자가 적거나 질이 떨어져 서로 격이 맞지 않는 경우가 대부분이기 때문이다. 영국박물관과 같은 세계 최대 박물관도 마찬가지라서 고려청자를 포함한 한국의 도자기 소장품 수준은 대체로 중국의 것에 비해 높지 못하다. 그러나 이 부분을 충족시키는 도자 전문 박물관이 하나 있다. 일본 오사카에 위치한 오사카 시립 동양도자미술관이다.

- **오사카 시립 동양도자미술관**
  오사카 시립 동양도자미술관은 1982년 11월에 개관했다. 대표적인 작품 약 300점을 중심으로 중국·일본·한국의 도자 등을 독자적인 구성과 방법으로 전시하고 있다.

　　오사카 시립 동양도자미술관은 송나라 시대에 만들어진 여요·관요를 비롯하여 월주요 청자, 당나라 도자기 등이 충실하게 구비되어 있으면서도 그와 비견될 만한 높은 질을 지닌 한국의 청자도 상당수 소장되어 있다. 아마 고려청자 부분에서는 한국 내 박물관을 제외하면 가히 세계 최고 수준이라 할 수 있다. 덕분에 하나의 건물 안에서도 중국의 최고 청자와 한국의 최고 청자를 충분히 비교하며, 그 완성도와 가치를 객관적으로 파악할 수 있는 기회를 만들어준다. 이곳이 국내 도자기 연구자에게 나름 성지(聖地)라 불리는 이유다.

이곳 박물관이 고급 청자를 소장하게 된 계기는 다름 아닌 재일교포 이병창 씨가 한·일 우호 관계를 위해 오사카 시에 자신이 모은 한국·중국 도자기 363점을 1998년 이후 세 차례에 걸쳐 기증하면서부터다. 이 가운데 한국 도자기는 307점으로 최고급 청자부터 조선 도자기까지 종류가 매우 다양했다. 따라서 기존에 소장하고 있는 중국 컬렉션에 한국 컬렉션이 더해지면서 동양 도자기 전문 전시관으로서 명성이 더욱 높아졌다.

그래서인지 오사카를 방문하는 한국인이 꽤 많이 찾고 있는 곳이기도 하다. 청자 외에도 중국이 자랑하는 원·명·청 청화백자와 조선 청화백자, 일본 도자기까지 소장하고 있어 아시아 도자기 역사를 훑어보기에 안성맞춤이다. 이 같은 명성은 비단 한국과 일본에만 알려진 것이 아니다. 타이완과 한국의 껄끄러운 사이 때문인지 '여요와 고려청자' 비교 전시가 매번 쉽지 않아 오사카 시립 동양도자미술관의 고려청자 컬렉션으로 대신하는 경우도 있었다. 즉 타이완으로 오사카에 있는 고려청자가 옮겨 가고 이를 바탕으로 여요와 비교하는 내용의 전시를 타이완에서

꾸민 것이다. 대신 오사카는 타이완 고궁박물관이 자랑하는 여 요를 몇 점 빌려 와 자국민에게 새로운 볼거리를 제공했다.

하지만 한국의 대표 유물이 중심이 된 전시임에도 한국 기관 만 빠진 채 이루어진다는 것은 묘한 아쉬움으로 다가온다. 요즘 은 박물관이 단순히 소장품 수준만으로 평가되는 것이 아니라 다양한 기관과 교류를 통해 부족한 부분을 채워 관람객에게 보 여주는 능력이 뛰어날수록 더 높은 평가를 받는다. 이러한 사실 을 비추어볼 때 한국 박물관도 조금 더 열린 사고로 다양한 도전 을 하는 것이 필요하지 않을까 생각한다. 한국 박물관에 부족한 중국 청자도 세계 박물관과 교류한다면 상당한 부분을 메울 수 있을 테니 말이다.

제3장

새로운 제국 질서와
청화백자의 탄생

드디어 밝혀진 청화백자 역사의 공백

현재 런던 영국박물관 룸95에는 퍼시벌 데이비드 중국예술재단이 소장하고 있는 중국 도자기들이 상당한 규모로 전시되고 있다. 인도 뭄바이에서 태어난 남작 데이비드(Percival David)가 중국 도자기의 매력에 빠지면서 평생 수집한 작품 1,700점이 복잡한 과정을 겪다가 2009년, 최종적으로 런던 영국박물관으로 오게 된 것이다.

이들 대부분은 명·청 시대 관요로 하나같이 화려하고 완벽한 모양을 자랑하고 있기에 마치 중국의 대형 박물관이나 타이완 고궁박물관의 도자 전시실에 들어간 분위기를 자아낸다. 실제 데이비드가 관심을 가진 부분도 유럽으로 수출된 중국 도자기들이 아닌 중국인이 좋아하던 중국식 자기였다고 전하니 그가 그토록 원했던 분위기를 그대로 보여주고 있다.

세계에서 가장 유명한 도자기, 데이비드 꽃병

그런데 이 방으로 들어오는 사람들이 가장 주목하는 작품은 다름 아닌 데이비드 꽃병(The David Vases)이라 불리는 쌍둥이 청화백자다. 용과 봉황 등 화려한 그림이 그려져 있고, 높이가 60센티미터를 넘는 당당한 크기를 자랑하는 이 도자기는 형태 면에서 그다지 완벽하진 않다. 꾸부정한 몸체 덕분에 조금 기울어져 있어 약간은 불완전해 보이기 때문이다. 하지만 사람들이 완벽한 형태를 자랑하는 명·청 시대 도자기보다 데이비드 꽃병에 주목하는 이유가 있다. 세계에서 가장 유명한 도자기 가운데 하나이기 때문이다. 도자기 목 부분에 위치한 글귀가 유명세에 한몫을 했는데, 청화로 다음과 같이 쓰여 있다.

신주로 옥산현 순성향 덕교리 형당사 봉성제자 장문진은 향로, 화병 한 쌍을 희사해 온 집안의 대길과 자녀 평안을 기원합니다. 지정 11년 4월 길일에 성원조전의 호정일 원수에게 바칩니다.

信州路玉山縣順城鄉德教里荊塘社奉聖弟子張文進喜捨香爐花瓶一副祈保合家清吉子女平安至正十一年四月良辰謹記星源祖殿胡淨一元帥打供.

- **원나라 청화백자 데이비드 꽃병**
  지정형(至正型) 도자기를 알리는 데 큰 역할을 했으며 세계에서 가장 유명한 도자기 중 하나다.

지정 11년은 1351년이다. 우리에게는 고려 출신 기황후의 남편으로 잘 알려진 원나라 마지막 황제 순제(재위: 1333~1368)의 중반기 치세쯤 되는 시기였다. 즉 이 도자기는 1351년에 만들어졌다는 것이니 제작 시기를 정확히 파악할 수 있는 기준이 되는 드문 유물이다. 하지만 단지 만들어진 시기가 적혀 있어서 명성을 얻게 된 것은 아니었는데, 여기에는 또 다른 이야기가 숨겨져 있었다.

제3장 새로운 제국 질서와 청화백자의 탄생

잊혔던 청화백자의 유산을 재발견하다

현재 많은 사람이 알고 있듯이 청화백자는 원나라 시대 이후 제작되어 수백 년간 청자를 넘어서 중국을 대표하는 공예품으로 대단한 인기를 누렸다. 서아시아·유럽 등지에서는 해양 무역을 통해 중국 청화백자를 비싼 가격에 열정적으로 수입했고, 나아가 중국처럼 도자기를 만들고자 도전까지 했으나 실패를 거듭할 수밖에 없었다. 결국 14세기에 중국에서 탄생한 청화백자가 유럽에서는 18세기에 들어서야 만들어진다. 수백 년 뒤에 탄생한 서양의 도자기 역시 중국의 것처럼 하얀 피부에 푸른빛으로 그림을 그려 그 동경의 깊이가 어떠했는지 충분히 이해할 수 있을 듯하다.

하지만 이런 사실과는 별개로 원나라 시대에 청화백자가 만들어졌다는 사실은 어느 순간부터 사람들의 기억에서 완전히 잊혔다. 원나라의 몽골족이 북방으로 쫓겨나자 중국은 다시 한족 중심의 명나라로 바뀐다. 또한 한족 문화 복원을 주장하는 분위기가 강해지면서 원나라가 뿌린 유목민 문화는 무시당하거나 비판받게 되었다. 결국 명나라 시대의 기록에도 원나라 청화에 대한 언급이 일부 남아 있기는 하나 세속적이고 저급한 물건으로 표현됐으며, 오히려 송나라 때 유행한 단순하고 절제 있는 미감을 선호하기 시작했다.

이러한 분위기 속에서 시간이 흐르자 원나라 청화백자에 대한 기록과 유물도 중국인의 기억에서 점차 잊힌다. 20세기 초반에는, 멍나라 시대에 들어와 청화백자가 제작되었고 그 이전에는 만들어지지 않았다는 것이 지배적인 관념이 되고 만다.

그런데 1929년, 관련 연구를 하던 영국 학자 홉슨(R. L. Hobson)은 마침 데이비드 중국예술재단이 소장하게 된 꽃병에 관심을 가졌다. 글귀에 따르면 원나라 시대에 이미 청화백자를 만들었다는 말이 되고 이는 기존의 통념을 깨는 일이었기 때문이다. 그러나 때마침 세계에 불어오던 대공황이라는 경제 위기 상황에 묻혀 그가 발표한 글은 그다지 큰 주목을 받지 못했다.

이후 제2차 세계대전이 끝나는 등 다시 수십 년이 흐른 1950년대 초, 미국 학자 포프(John Pope)는 홉슨의 글을 바탕으로 새로운 조사에 착수한다. 세계에 남겨진 청화백자 중 가장 오래된 것으로 추정되는 유물을 대거 소장 중이던 터키와 이란의 박물관에 가서 데이비드 꽃병을 표본으로 삼아 대조하는 방식으로 조사를 했다. 그 결과 놀랍게도 터키와 이란이 어느 시점에 소장한 청화백자 중 상당수가 데이비드 꽃병과 동일한 특징을 가지고 있다는 사실이 밝혀졌다. 이에 포프는 논문을 두 차례 발표했다. 「14세기 청화백자, 이스탄불 톱카프 박물관이 소장한 중국 자기」와 「아드다빌 소장 중국 자기」가 그것이다.

이 발표로 도자기에 숨어 있던 역사가 완전히 드러났다. 청화백자가 만들어진 시기는 명나라에서 원나라로 당겨졌고, 데이비드 꽃병 목 부분에 기록된 지정(至正)이라는 기간은 이 시대 청화백자를 상징하는 명칭이 되었다. 이 꽃병과 비슷한 특징을 보이는 도자기를 '지정형(至正型) 청화백자'라 부르기 시작한 것이다. 이러한 사실을 알리는 데 큰 공을 세운 데이비드 꽃병은 서구의 언론을 통해 널리 언급되며 당연히 세계에서 가장 유명한 도자기 중 하나가 되었고, 지금도 영국박물관에서 그 명성을 이어가고 있다.

원나라 도자기 산업

칭기즈칸(재위: 1206~1227)이 등장하면서 세계 역사는 다시 한번 크게 요동친다. 13세기 초, 기병을 이용하여 빠르게 유라시아 대륙을 석권한 몽골인은 거침이 없었다. 유럽·서아시아·동아시아의 여러 국가가 몽골인에 의해 하나둘 무너졌고, 그 결과 그동안 국경으로 굳게 닫혀 있던 시장도 거대한 무역 시장으로 편입됐다. 특히 칭기즈칸 사후 그의 일족들에게 분배된 사한국(四汗國)은 대륙 곳곳에 자리 잡았는데, 이로써 몽골제국은 놀라운 성장기를 거친 뒤 한동안 전 세계를 안정적으로 통치할 수 있었다.

사한국 중 몽골과 중국을 지배한 나라는 원나라다. 원나라 시조인 세조(世祖) 쿠빌라이는 숙원 사업이었던 남송과 벌인 결전에서 최종적으로 승리를 거둔다. 문화 강국 송나라의 역사는 끈질기게 버틴 남송이 1279년 멸망하면서 마감했고, 중국의 대표적 도자기를 생산하는 중심지 역시 이제는 원나라의 것이 됐다.

• **원나라 난백자 접시**
부량자국에 의해 생산된 백자 형태로, 국내 신안선에서도 난백자가 많이 발견되었다.

당시 중국의 주요 도자기 생산지는 청자를 생산하는 용천요와 백자를 생산하는 경덕진으로 나뉘었는데, 원나라는 이 가운데 경덕진을 특별히 주목한다. 이들은 1278년에 경덕진을 접수하자마자 곧바로 부량자국(浮梁磁局)이라는 관청을 설치했고, 이곳의 백자를 특별히 진상하도록 명했다. 『원사(元史)』에는 다음과 같은 대목이 있다.

"원은 북방 사막 지역에서 일어났으며, 대대로 하늘을 숭배했다.
의복은 장식이 없는 것을 입었으며, 제기는 백색을 숭상했다."

우윳빛깔의 백색을 좋아했던 몽골인에게 경덕진 백자는 그들
의 취향에 맞는 도자기였다.

경덕진, 소비자 중심의 생산 체제로 변화하다

하지만 원나라가 세운 부량자국이라는 관청은 송나라 시대 구
축한 관요 제도와는 성격이 조금 다른 것으로 보인다. 관요는 원
래 국가가 원료와 시설, 인원 등을 직접 부담하고 생산·관리함으
로써 엄격한 기준에 따른 제한적인 기물을 만드는 특징이 있었
다. 즉 돈을 지불하면 누구나 살 수 있는 일반 상품과 달리 오직
황제만을 위해 철저히 폐쇄적으로 제작된 공예품이자 유교적 질
서와 철학이 담긴 위세품의 성격을 지녔다.

반면 민간에서 쓰는 도자기 제작은 민요에서 부담하면서 송나
라 시대 일반 백성도 도자기를 사용하게 됐다. 이에 따라 민간 도
자기 시장도 커졌으며 이에 맞추어 민요 생산도 크게 증가했다.

질적인 면은 관요가 월등히 높더라도 대량 생산이 가능한 부분과 관요에서 볼 수 없는 다양한 상품의 종류와 크기, 장식은 민요가 지닌 장점이었다. 시장의 유행과 움직임에 따라 자유로운 발전이 가능했기에 보인 특징이기도 했다. 이렇게 송나라는 관요와 민요라는 두 가지 체제로 도자기 제작이 이루어졌으나, 원나라가 추구하는 방향은 이와 달랐다.

부량자국은 경덕진에 설치되어 요를 관리했고, 백자를 생산해 황실과 관청에 상납하기도 했다. 그러나 도자기 상납 외에 칠기·말총·모자·군복 등도 관리했으며, 결국 도자기만 관리하던 관요 제도와는 달리 몽골 원정에 필요한 군수품 제작까지 담당했다. 한편 관요 제도에서 정부가 부담하던 원료·시설·인원에 비해 정부의 지원은 부족했으므로, 관요라 부르기에도 민요라 부르기에도 성격이 모호했다. 결국 부량자국은 50여 년간 존속되다가 폐지된 것으로 보이며, 이후로는 경덕진의 도총관(都總管)에서 이곳을 관리했다.

총관의 관리 방식은 송나라 이전의 공납 체제로 돌아간 형식이었는데, 도자기 제작과 운영 면에서는 느슨한 대신 과세와 물품 진상은 엄중했다. 도자기는 중앙 조정이 필요하면 생산하고 그렇지 않으면 생산하지 않는 형식이라 꾸준한 일감이 있는 것이 아니었기에, 경덕진은 시장 원리에 따라 가변적으로 필요한 상품을 제작·판매하는 민요 형태로 완전히 전환되었다. 덕분에 황실뿐만 아니라 권세가·상인 등 후원자의 취향에 맞추어 다양한 자기를 만들어내기 시작했다. 이에 맞추어 실력 있는 도공들이 경제성 높은 도자기 제작소로 옮겨 다니니 자연스럽게 평균적인 기술력도 높아졌다. 결국 소비자가 원하는 도자기가 있다면 이를 적극적으로 반영하여 생산할 수 있는 체제가 경덕진에 구축된 것이다.

동·서아시아의 만남, 청화백자의 탄생

이런 변화를 주목한 이들이 있었다. 본래 중국 도자기는 중국의 미감이 많이 반영된 공예품으로 해외 수출 시에도 중국의 인기 있는 상품을 타국에서 구입해 사용한다는 성격이 강했다. 그러나 원나라의 운영 방식에 힘입어 해외 수요자들도 자신이 원하는 형태와 장식을 도자기에 직접 반영할 수 있는 분위기가 조성된 것이다. 이 부분을 적극적으로 활용한다면 어떻게 될까?

당시 원나라에는 색목인이라 불리는 서아시아 출신 이슬람인들이 큰 활약을 하고 있었다. 쿠빌라이칸이 황제로 있던 시절, 색목인은 관료로 대거 중용되었고 타고난 경제관념으로 다양한 일

- **원나라 청화백자 모란당초문쌍이호**
  지정형 도자기의 대표적인 형태로 모란꽃과 당초무늬가 청화로 그려져 있다.

에 개입했다. 특히 이슬람 경제 조합인 오르톡(ortoq)은 원 정부와
긴밀한 관계를 통해 넓어진 시장과 기술에 대규모 투자를 가져
왔다. 이에 재정권을 중심으로 하는 국가 지배력마저 원이 송을
능가할 정도였는데, 세입 80퍼센트를 상업으로 충당할 수준이었
다. 이에 정부를 넘어 몽골의 지배층도 색목인에게 재산을 맡기
거나 투자 정보를 얻기 시작했으며, 그 결과 몽골인의 미감도 한

때 백자처럼 밋밋하고 순박한 미를 좋아하던 취향에서 점차 화려하고 아름다운 것에 관심을 뺏기기에 이르렀다.

색목인의 고향인 서아시아에서는 푸른빛을 지닌 코발트를 이용한 예술이 오래전부터 인기리에 이어져오고 있었다. 덕분에 이곳에서는 청화로 장식한 도기를 생산하곤 했다. 그러나 그 결과물이 중국이 만들어낸 자기의 수준은 아니었다. 섭씨 1,000도 정도의 낮은 온도에서 구워 유리질이 부족한 상태로 나온 그릇에 불투명 유약을 바른 뒤 청화로 그림을 그린 조잡한 것이었기 때문이다.

물론 도자기 만드는 기술력은 부족했지만 중국 도자기가 지닌 매력은 널리 알고 있었다. 8, 9세기부터 월주요에서 만든 중국 청자가 서아시아에서도 대단한 인기를 누렸다. 이에 호라산 지역 총독인 알리 이븐('Ali ibn)이 중국 청자 2,000점을 칼리프 하룬 알 라시드(재위: 786~809)에게 선물로 보낸 기록이 있을 정도다. 이때 알리 이븐은 중국 도자기를 보고 "비슷한 것조차 찾아볼 수 없다"고 극찬을 남겼다.

시간이 흘러 13세기, 몽골의 정복 전쟁으로 유라시아 대륙에는 어마어마한 인구 이동이 생겨났고 서아시아의 기술자와 상인들은 이런 기회를 놓치지 않았다. 당시 색목인이라는 별칭으로

제3장 새로운 제국 질서와 청화백자의 탄생

도 유명세를 얻은 이들은 자신의 미감을 가미한 도자기를 생산하여 중국 도자기 생산 과정에 어떤 형태로든 영향을 미친 것으로 보인다. 이에 서아시아에서 채굴되던 푸른색의 코발트가 중국으로 수입되었고, 그림 그리기에 딱 좋게 백지 같은 경덕진 백자를 만나게 된다.

드디어 서아시아인이 그토록 원하던 코발트로 그림이 그려진 자기가 생산되었고, 완성도 높은 지정형 청화백자는 14세기 중반이 되어서야 만들어졌다. 결국 청화백자는 원나라 도자기 생산 방식에 맞추어 해외 원료가 첨가되는 등 새로운 도전이 시도된 끝에야 완성되었다. 그만큼 청화백자는 시대를 대표하는 상징적인 작품이었다.

03

원나라 청화백자의 특징

백자는 수나라 이후 꾸준히 인기를 얻은 도자기 품목 중 하나로 당·송 시대에도 인기리에 제작되었다. 특히 송나라 정요는 명성이 대단하여 백자의 가치를 한 단계 더 올려준 것으로 유명하다. 당시 허베이 최대의 도자기 생산지이기도 했던 정요는 품질을 인정받아 황실에서 사용할 정도였다. 그러나 북송이 무너지는 전란 속에 정요도 이전 명성을 잃게 되었으며, 기술자들 역시 남방으로 내려와 경덕진 등에 자리 잡게 된다. 경덕진에는 새로운 기회가 열린 것이다.

도자기의 대명사 경덕진, '색'으로 차별성을 꾀하다

장시성 포양호에 위치한 경덕진은 그 명성이 워낙 대단하여 지금은 단순한 지역명을 넘어 보통명사로 인식될 정도의 도자기 생산지다. 남방 도자기의 대표 생산지이자 과거 이곳에서 생산

· **1319년 청화탑형병**
　이 시기 연호가 연우(延祐)이므로 연우형 청화백자라 부르기도 한다. 청화백자의 초기 형태를 보여준다.

　된 백자와 청화백자의 이름값이 엄청났기 때문이다. 그러나 이
지역도 한때는 북방 정요를 모방하는 백자를 생산하는 곳에 지
나지 않았으며 이름값 역시 그다지 높지 않았다. 이곳이 백자 생
산지로 주목받게 된 것은 송나라 개국 이후로 청백자(靑白磁)라
불리는 개성 있는 도자기를 생산하여 상아색을 지닌 정요 백자
와 차별성을 구축하기 시작하면서부터였다. 게다가 남송 정부가

전란을 피해 내려온 후 용천요와 더불어 경덕진에도 집중 투자가 이루어지면서 중국 내 인기를 넘어 수출 자기의 위상까지 갖추게 된다. 이 과정에서 경덕진이 만든 백자라는 하얀 백지 위에 그림으로 장식하려는 시도가 차츰 생겨났다.

문제는 백자를 구울 때 필요한 섭씨 1,250도 이상에서 대부분의 색이 들어간 안료는 사라져버린다는 것이었다. 과거에는 이 정도 높은 온도에서 버틸 수 있는 안료가 철·구리·코발트 세 가지뿐이었다. 이 가운데 철이 가장 먼저 도자기 장식에 사용된 것은 그만큼 찾기 쉬운 재료였기 때문이다.

실제 경덕진에서도 철화를 이용한 회화 장식을 가장 먼저 시도했는데, 그 결과 백자 위에 철화로 그림을 그린 도자기가 대량 생산되면서 가능성을 보였다. 하지만 철은 잘못 구워지면 검게 타버리거나 그림의 명암을 넣기 어렵다는 문제점이 있었다. 회화 장식으로서 묘미가 부족했던 것이다.

다음 차례는 구리로 14세기 초반부터 경덕진에서 도자기 장식으로 활용했다. 잘 장식된 작품은 붉은빛의 회화가 어우러져 화려해 보였다. 그러나 휘발성이 강한 구리의 성질 때문에 높은 온도에서 굽다가 색이 사라지는 경우가 잦다는 문제점도 있었다. 따라서 구리도 회화 장식에 이용하기에는 부족해 보였다.

이처럼 여러 도전이 이루어지던 중 다음 주자로 코발트가 주목받았다. 원나라 시대인 1319년에 조성된 묘에서 청화백자가 출토된 적이 있었는데, 이것이 현재까지 가장 앞선 청화백자 중 하나로 파악되고 있다. 몸통에 모란꽃과 다양한 문양을 청화로 그린 이 작품은 청화 발색이 그다지 좋지 않으며, 도자기 표면도 누렇게 색이 올라 질이 우수하다고 보기는 힘들다. 하지만 새로운 도전이 만든 시원적 작품으로는 그 가치가 상당하다. 이 자기에 쓰인 청화는 다름 아닌 중국산이었다. 즉 이 시대 기술자들이 중국산 청화를 사용하면서 서서히 코발트 회화 장식의 가능성도 엿보기 시작했음을 알 수 있다.

한계를 이겨낸 도전, 코발트 안료의 사용

14세기 중반에 들어와 서아시아의 질 좋은 코발트가 적극적으로 수입되어 경덕진 백자에 장식되면서 도자기는 완성형의 단계를 보여준다. 높은 온도에서도 푸른빛을 잃지 않아 회화 장식도 가능한데다 철·동에 비해 사용하기에도 편했기 때문이다. 고급 코발트는 전량 수입에 의존해야 한다는 점이 문제였으나, 당시 무역 관계로 볼 때 이 역시 큰 문제가 되지는 않았을 듯하다. 결국 원나라 시대의 청화백자는 지정(至正) 연간에 들어와 우리

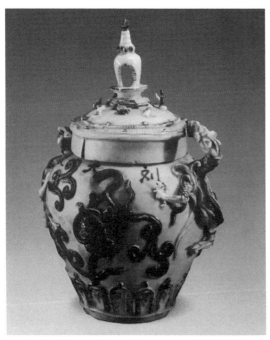

- **1338년 청화유리홍사령개관**
  구리와 코발트가 동시에 사용되어 장식된 도자기로 여전히 완성된 청화백자 형태가 아님을 알 수 있다.

에게 익숙한 형태로 대량생산이 이루어졌다. 이들 도자기는 현재 전 세계에 위치한 다양한 박물관에서 청화백자의 시원으로서 가치를 인정받아 전시되고 있다. 상세히 살펴볼 기회가 생긴다면 이 시대 청화의 특징을 생각보다도 쉽게 발견할 수 있을 것이다. 이는 새로운 도전이 만든 성공 뒤에 숨겨진 기술적 한계를 의미하기도 한다.

사실 당시 서아시아에서 수입된 코발트는 진한 색이 장점이었지만, 철 성분이 많았다. 그러나 원나라 시대만 해도 코발트 정제 기술이 부족했기에 필요 이상의 철분을 제거하는 것이 생각보다 쉽지 않았다. 그 결과 철 수반 또는 요철 현상이라 불리는 특징이 나타나게 된다. 도자기 표면을 보면 청화로 그림이 그려진 선을 따라 일부 색이 검게 움푹 들어간 흔적이 보이거나 소금이 올라오듯 하얀 알맹이가 보이는 현상이 그것이다. 코발트를 이용하는 것이 아직 익숙하지 않았기에 도자기마다 청화 색감이 다르게 표현되기도 했다. 일반적으로는 푸른색이지만 일부 검은 남색이나 짙은 회색 등의 청화도 나타나곤 했다. 즉 상대적으로 품질을 평균화하는 작업에서 일정한 한계가 있었음을 보여준다.

그럼에도 청화로 그려진 회화 장식이 이전 어떤 도자기 양식에서도 보여주지 못한 새로운 지평을 연 것은 분명한 사실이다. 아직 농담 표현 등의 고급 회화 기술은 완벽하게 접목시키지 못했으나, 나름 색의 농도를 달리하는 청화를 사용함으로써 부분적으로 농담의 표현을 보여주었다. 회화의 주제도 꽃과 동물을 넘어 사람이 등장하는 「고사도(故事圖)」까지 나오면서 더욱 풍부한 시대상을 보여주기에 이른다. 특히 꽃과 동물의 장식품은 서아시아에서 많이 발견된다. 반면 중국식 인물이 등장하는 「고사

• **원나라 청화백자 「사애도」 매병**
「고사도」가 장식된 원나라 청화백자로, 특별히 중국 내수 시장을 위해 제작되었다.

도」 장식의 도자기는 중국 내에서 주로 출토된다. 즉 청화백자가 인기를 얻게 되자 수출용과 내수용을 달리하여 제작해 적극적으로 수요층의 관심을 반영했음을 알 수 있다.

이처럼 청화백자가 만들어지는 과정에는 우리가 몰랐던 수많은 도전과 실패가 존재했다. 한계를 만날 때마다 하나씩 이겨내는 과정 속에 새로운 감각을 지닌 도자기가 탄생했다.

04

세계로 퍼져나간 원나라 청화백자

사실 원나라에서 청화백자가 생산된 시기는 생각 외로 상당히 짧다. 14세기 중반에 탄생하여 중국 남부에서 난이 크게 일어나 1352년, 경덕진이 함락되며 원의 통제력에서 벗어나는 시기까지였기 때문이다. 이처럼 그리 길지 않은 기간에 생산된 원나라 청화백자였으나, 당시 무역로에 따라 중국·동남아시아·인도·서아시아 등에 적극적으로 수출됐다. 덕분에 현재도 이들 지역에서는 관련 유물이 발견·전시되고 있다. 이 가운데 지금은 박물관으로 활용되고 있는 터키 이스탄불에 위치한 톱카프 궁전에는 무려 40여 점의 원나라 청화백자가 소장되어 있다. 질과 양 모두가히 세계에서 손꼽히는 곳이라 하겠다. 지금부터는 톱카프 궁전이 원나라 청화백자를 소장하게 된 과정을 살펴보기로 하자.

권력의 부침 속 싹튼 청화백자 애호

13세기, 몽골인의 침입으로 서아시아는 한바탕 피바람이 불었다. 몽골인은 강력한 기병과 화약 기술을 바탕으로 당시 세계에서 가장 문명화된 서아시아를 완전히 정복했는데, 이 과정에서 상상하기 힘든 살육이 곳곳에서 벌어졌다. 피바람은 칭기즈칸이 죽은 이후에도 여전했고, 제2대 칸인 오고타이(재위: 1229~1241)가 죽은 뒤로도 한참 지나서야 끝난다.

칭기즈칸의 손자는 당시 서아시아에서도 가장 문화가 발달했던 이란과 이라크에 일한국을 세우는데, 이로써 잠시나마 평온기가 찾아왔다. 일한국 수도에는 몽골·이슬람·중국의 문화가 결합된 궁전이 세워졌다. 이곳에는 페르시아 신화에 등장하는 기묘한 동물뿐만 아니라 용과 봉황 등 중국적인 조각이 장식되어 이국적인 분위기를 물씬 풍겼다. 서아시아 한복판에 동아시아 문화가 적극적으로 수용되는 도시가 만들어졌다.

그러나 강력한 철권통치를 보여주던 일한국은 겨우 100년 정도 버티다가 원나라보다 빠른 1353년에 멸망했고, 이후로는 몽골계와 튀르크계 무장이 난립하는 혼란의 시대가 열리고 말았다. 서아시아에는 일한국에 이어 추판왕조·잘라이르왕조·티무르왕조 등이 서로 각축을 벌였으며, 차가타이한국마저 전통 몽

- **원나라 청화백자 능화문팔각매병**
  청화백자의 시원인 원나라 청화백자는 톱카프 궁전 소장품의 자랑이기도 하다.

골계 왕국으로 이들의 세력 다툼에 끼어든다. 혼란은 결국 칭기즈칸의 후예라고 자처하던 티무르(재위: 1370~1405)에 의해 정리될 때까지 상당히 오랫동안 이어질 수밖에 없었다. 원나라 청화백자가 제작되던 시기에 서아시아는 여러 세력이 무력으로 크게 대립하는 때였다.

서아시아를 지배하던 몽골과 튀르크 등 유목민 정복자들은 자신의 권력을 자랑하기 위해 중국 도자기를 대량 수입하여 왕실 기물로 사용했다. 특히 유라시아 대륙에 몽골제국이 만들어진 후 중국과의 무역 규모가 이전과는 비교되지 않게 커졌기에 이리한 유행은 비단 고위층뿐만 아니라 중간 계층도 중국 도자기를 사용하는 단계에 이르렀다. 이윽고 몽골계가 아닌 이집트 맘루크왕조까지 몽골계 국가와의 외교 대립 속에서도 중국 도자기 수입에는 적극적으로 관심을 둘 정도로 그 파급력이 더욱 커져 갔다.

한편 13세기부터 이 지역에 적극적으로 수입된 도자기는 용천요 청자였다. 청자가 독이 들어간 음료를 구별해준다는 당시 사람들의 믿음으로 인해 서아시아 고위층에게 큰 인기를 누린 것이다. 하지만 그 높던 청자의 인기도 청화백자가 등장하자 이야기가 달라졌다. 청색 코발트로 회화가 장식되어 특별히 서아시아 사람들이 좋아하는 미감을 지녔던 새로운 도자기는 청자를 밀어낼 만큼 인기를 얻었기 때문이다.

결국 대립된 세력들의 틈바구니에서도 청화백자는 높은 권위와 사치의 상징물로 적극 수입되었고, 이슬람식 당초문과 중국식 용·봉황이 장식된 도자기는 궁전의 중심부에서 최고의 사치품으로 소비된다. 시간은 다시 흘렀고 한때 그렇게 강력했던 몽골계 왕조들도 하나둘 기억에서 사라졌다. 이 지역을 통치하게 된 이란의 사파비왕조는 티무르 제국 등이 소장하던 중국 원 청화자기를 그대로 인수하게 된다.

이것으로 끝이 아니었다. 다음으로는 터키에 기반을 두고 탄생한 오스만튀르크가 1514년, 사파비왕조와의 전쟁에서 승리하면서 전리품으로 청화백자를 대거 가지고 온 것이다. 그 결과 현재는 이스탄불 톱카프 궁전에서 원나라 청화백자를 전시하고 있으니 강자의 변화에 따른 역사의 흐름이 만들어낸 묘한 상황이라 하겠다. 물론 그 후로도 중국 도자기 수집은 오스만튀르크 지배자의 큰 관심 분야가 되었다. 현재 톱카프 궁전에만 명·청 시대 1만 2,000여 점의 중국 도자기가 전시되고 있는 것으로 그 열정을 엿볼 수 있다.

아시아 각지로 퍼져나가는 청화백자 기술

한편 원나라 시대에 만들어진 청화백자의 주요 고객은 서아시아 상류층이었으나 소형 기물은 동남아시아에서도 자주 발견된다. 작은 항아리와 접시 등은 동남아시아 식습관에 맞추어 제작된 것으로 서아시아에서 발견되는 청화백자가 30센티미터가 넘는 대형 기물이 대부분인 것과 비교된다. 동남아시아에 수출된 도자기는 청화색도 탁하고 그림 장식도 단순했다. 서아시아에 비해 경제력이 약했기에 이에 맞추어 질이 낮은 흙과 중국산 청화를 이용한 자기를 수출한 것이다.

불론 동남아시아에서 대형 기물이 종종 발견되기도 했다. 주로 태국의 절과 같은 종교 시설물에나 왕의 보물로 보관된 것들인데, 서아시아 수출품 못지않은 높은 질의 청화 항아리가 그 예다. 결국 동남아시아 상류층에게도 원나라에서 만든 청화백자가 지닌 매력이 상당했음을 알 수 있다.

하지만 동남아 국가 중 원나라 청화백자가 가장 큰 영향을 준 나라는 다름 아닌 베트남이었다. 원나라가 송나라를 멸망시킨 후 다음 목표로 삼았던 베트남은 오래전부터 유교를 바탕으로 하는 중국식 국가 제도와 문화를 지니고 있었기에 지금도 종종 동북아시아 문화권으로 포함시키기도 한다. 여하튼 이런 이유로 기존 중국 문화권을 전부 장악하고 싶어 했던 원나라에 베트남은 중요한 목표가 된다. 그러나 베트남의 쩐왕조(陳王朝)는 원나라와 결전을 각오했고, 무더위라는 자연의 도움과 게릴라 전술을 통한 힘 빼기 작전으로 끈질기게 싸워 결국 몽골을 격퇴시켰다. 놀라운 승리가 아닐 수 없었다. 그러자 이 소문을 들은 남송 유민이 원의 지배를 피해 쩐왕조로 들어오면서 문화 전성기를 맞이한다.

• **베트남 청화백자 모란당초문호**
베트남은 중국에 이어 이른 시기에 청화백자를 생산하면서 여러 국가에 수출할 수 있었다.

결국 남송의 뛰어난 기술자들의 이주와 당대 세계에서 제일 강하다는 몽골을 꺾었다는 자부심으로 14세기 후반 베트남 쩐왕조는 세계에서 두 번째로 청화백자를 만드는 데 성공한다. 후 레왕조(後黎王朝)가 쩐왕조의 뒤를 잇는데, 이 왕조는 중국에서 명나라가 새로 만들어진 후 황제가 도자기 수출 금지령을 내리면서 쇄국정책을 펴자 도자기를 대거 수출할 기회를 얻게 되었다. 서아시아에서는 계속해서 중국의 청화백자를 원했으나 이를 구할 방법이 없었다.

이에 베트남이 만든 청화백자를 대신 구입하게 됐고, 원나라에서 만든 청화백자와 닮게 제작하여 적극적으로 수출한 것이다. 이때 만들어진 베트남 전성기 청화백자도 당연히 이스탄불 톱카프 궁전과 이란의 아르다빌 궁전에서 볼 수 있다.

그렇다면 한국은 어떨까? 앞서 보았듯이 세계적으로 인기가 대단했던 원나라 청화백자이지만 한국에서는 관련 이야기가 거의 없다. 당시 고려는 원나라의 부마국으로 여겨졌으니 그만큼 몽골 황실과도 혈연적으로 가까운 사이였다. 게다가 원나라에서 청화백자가 생산될 당시에는 고려 출신 기황후가 원나라 황제의 부인으로 큰 권력을 지니고 있었으며, 원나라의 관리와 상인이 자주 고려를 방문하기도 했으니 궁금증은 더해간다. 다만, 찾아보면 그 흔적이 완전히 사라진 것은 아니었다.

국립중앙박물관에서 전시 중인 국보 제259호 분청사기상감용문호(粉靑沙器象嵌龍文壺)는 고려청자에서 조선백자로 넘어가는 과도기 시절 제작된 분청사기의 대표작으로 잘 알려져 있다. 그런데 해당 도자기는 원 청화백자 중 매병과 거의 동일한 디자인을 보이고 있어 흥미롭다. 우선 모양을 살펴보면 입 구멍이 훨씬 크다는 것을 제외하고는 몸통의 곡선미가 원의 것과 거의 비슷하다. 장식 부분은 더욱 유사하다. 여러 층을 나누고 각 층을 다양한 장식으로 가득 채우는 방식은 원나라 청화의 대표적 장식 방법이며, 무엇보다 여의두문·용문·연판문으로 크게 3등분하여 표현한 방식은 똑같다.

결국 분청사기의 상감기법과 붓으로 그려 회화성이 강조된 원나라 작품이 표현 방식의 차이로 달라 보일 뿐이지 의도한 디자인은 거의 동일했음을 의미한다. 그렇다면 국보 제259호는 왕실에서 소유하고 있던 원 청화백자 매병을 바탕으로 이를 모방해 만들었을 가능성이 크며, 그런 만큼 한반도에서도 서아시아 수출품 수준의 대형 원나라 청화백자가 존재했을지도 모른다.

05

청화백자를 만날 수 있는 박물관

원나라 이후 발전을 거듭한 청화백자는 세계의 다양한 박물관에서 전시되고 있다. 한국의 국립중앙박물관·삼성미술관 리움·호림박물관 등에서도 조선백자를 바탕으로 한반도 중심의 청화백자 역사를 보여준다. 다만 세계사를 호령했던 원나라 청화백자나 그 직계 후손이라 할 수 있는 명·청의 뛰어난 청화백자를 국내에서 보기는 어렵다. 안타깝게도 그동안 수집한 기관이 거의 없기 때문이다. 그나마 국립중앙박물관에서 중국 청화백자 몇 점을 수집하여 전시하고 있지만 여전히 부족하다.

활짝 열린 황제의 보물창고, 베이징 고궁박물원

그렇다면 중국 청화백자의 진수를 보기 위해 어디를 방문하면 좋을까? 세계 3대 박물관으로 꼽히는 런던 영국박물관·파리 루브르박물관·뉴욕 메트로폴리탄박물관 모두 다양한 중국 청화백자를 구비하여 전시하고 있다. 한국과 가까워 방문하기 쉬운데다 도자기 분야를 특화하여 쉽게 이해하기도 좋은 곳을 선택하자면, 우선 자금성(紫禁城)으로도 유명한 베이징 고궁박물원, 그 내부에 위치한 '도자관(陶瓷館)'을 들 수 있다.

고궁박물원, 즉 베이징의 랜드 마크라 할 수 있는 자금성은 영어로는 Forbidden City(금단의 성)라 번역하는데, 황제 외에는 아무나 들어갈 수 없는 곳을 의미한다. 물론 지금은 관람객에게 열려 있어 누구나 자유롭게 출입할 수 있다. 그럼에도 이곳에는 여

- **자금성**
자금성을 관광할 때 단순히 궁궐 자체만 구경하는 경우가 많다. 그러나 이곳도 나름 명성 높은 박물관이며 수많은 중국의 걸작들이 소장되어 있다. 특히 도자기 컬렉션은 꽤 수준급이다.

• **원나라 청화백자 유리홍개광루화개관**
자금성에 위치한 고궁박물관이 가장 자랑하는 원나라 청화백자이다. 코발트와 동이 함께 장식되어 있어 화려함이 남다르다.

전히 많은 사람이 잘 모르는 숨어 있는 공간이 있으니 꼭 찾아서 방문해보자. 바로 궁궐 내부에 전시실을 꾸며놓고 과거 황제가 사용하던 물건 등을 보여주는 박물관이다.

사실 고궁박물원에는 중국 도자와 관련된 유물만 35만 점이 있다. 그렇기에 자금성 동쪽에 위치한 도자관에는 이름난 명품 자기가 화려하게 배치되어 있다. 약 400여 점에 다다르는 진열된 도자기를 보다 보면 자연스럽게 중국 도자기의 역사를 한눈에 파악할 수 있다.

특히 도자관의 자랑은 청화백자다. 한국에서는 쉽게 보기 힘든 원 청화백자를 비롯하여 최고 수준의 명·청 청화백자까지 만날 수 있다. 원 청화백자 중 가장 유명한 것은 붉은색의 동과 푸른색의 청화가 함께 어우러져 완벽한 기술적 미를 보여주는 작품으로, 당당하고 큰 기형마저 일품이라 하겠다. 몸체에 용이 그려진 여러 대형 작품을 포함하여 중국에서 인기리에 사용했을 것 같은 작고 앙증맞은 원 청화백자도 새로운 볼거리다. 이곳에서는 원 청화백자만 보통 5~7점 정도를 전시하며 종종 도자기 관련한 다양한 전시도 펼쳐지고 있어 도자기를 좋아하는 분이라면 반드시 방문해야 할 곳이라 하겠다.

일본의 간송미술관, 이데미쓰 미술관

다음으로 추천하는 곳은 일본 도쿄와 규슈에서 각각 하나씩 총 두 개의 전시관으로 운영되고 있는 이데미쓰 미술관이다. 일본은 도자기에 대한 관심이 유별나서 자국 도자기를 포함해 한국, 중국의 다양한 도자기도 여러 기관에서 다수 소장 중이다.

이 가운데 중국 도자기는 지역 곳곳에 위치한 박물관·미술관에서 전시되고 있는데, 한국에서는 좀처럼 볼 수 없는 기회를 이곳에서는 너무 쉽게 만나게 되어 조금은 놀랍고 부럽다. 그중에서도 이데미쓰 미술관은 이름난 명품 도자기가 많은 것으로 유명한데, 한국과의 관계에서도 국립중앙박물관에 다양한 소장품을 자주 임대해 전시를 도와주는 것으로도 잘 알려져 있다.

여하튼 이곳에도 원나라에서 만든 청화백자가 10여 점 가까이 소장되어 있고, 특히 유명한 도자기로는 청화백자「소군출새도」개관이라는 작품이 있다. 한나라 시대 흉노 선우의 왕비로 뽑혀 시집가던 왕소군(王昭君)의 행렬을 청화로 그린 작품으로, 워낙 유명한 역사적 사건이라 대중에게도 잘 알려져 있다. 도자기의 그림 주제가 중국의 유명 이야기를 담고 있기에 수출이 아닌 국내 용도로 제작된 것이라 추정된다. 청화 발색부터 완벽하게 그려진 회화 수준까지 예술성에서 가히 최고의 원나라 청화백자라 할 만하다. 대표적인 도자기만 보아도 이데미쓰 컬렉션이 상당한 수준임을 알 수 있다.

이데미쓰 미술관은 주로 규슈 지역에서 도자기 관련 전시를 하며, 도쿄에서는 일본 전통 미술을 중심으로 운영되나 도쿄에서 한 번씩 선보이는 도자기 전시는 그 질과 양이 상당한 수준이다. 중국 도자기뿐만 아니라 다양한 국가의 도자기를 선보임으

- **원나라 청화백자 「소군출새도」개관(위)과 세부 그림(아래)**

  이데미쓰 미술관의 소장품 중 원나라 청화백자를 대표하는 작품이다. 회화의 내용이나 표현력에서 최고
  의 원나라 청화백자로 손꼽히고 있다.

로써 아시아 전반의 도자기 역사를 읽어주는 전시를 자주 기획하고 있으므로, 관련 전시가 있을 때 방문해보면 많은 도움이 될 것이다.

도쿄의 일본 미술 전시도 수준이 높은 만큼 관람해보면 미술의 세계관이 넓어질 수 있으리라 생각된다. 일본 미술 전시를 관람하더라도 중국 도자기를 아예 보지 못하는 것은 아니다. 기본적으로 도쿄 전시실 한쪽에 중국 도자기 파편과 원나라 시대 청화백자 일부를 상설 전시하고 있다.

이 밖에도 원나라 청화백자를 많이 볼 수 있는 곳으로는 중국 상하이 박물관과 터키 톱카프 궁전, 일본 오사카 시립 동양도자미술관, 영국박물관 등이 유명하다. 명·청 청화백자로 컬렉션을 늘려서 살펴보면 더욱 많은 박물관이 눈에 띌 것이다.

다만 세계 유명 박물관에 비해 한국에는 세계사적으로 의미 있는 도자기가 너무 부족한 것이 현실이다. 가까운 미래에는 이 분야에서도 일정한 성과가 있기를 바랄 뿐이다.

제4장

명·청 청화백자의 전성기

명나라 개국과 청화백자의 발전

1368년, 주원장(재위: 1368~1398)에 의해 세워진 명나라는 몽골을 북방으로 밀어낸 후 다시금 한족 중심의 강력한 중앙 집권 체제를 만들고자 했다. 이를 위해 송·원과 달리 오히려 상업을 억압하는 정책을 펼치는 대신, 황제권을 대폭 강화했다. 여기에는 원나라 말기 물가 상승과 통화 팽창으로 상인이 부를 독점한 반면 백성들은 큰 고통을 겪었던 격동의 시대를 농민 신분으로 직접 경험했던 주원장의 의지가 담겨 있었다. 대외 관계에서도 조공 무역 외에는 엄격하게 무역을 제한했고, 자연스럽게 대규모 도자기 무역도 한동안 문을 닫게 되었다.

변혁 속에 이어진 청화백자의 명맥

이렇게 보수적인 모습은 당시 제작된 도자기에도 반영됐다. 주원장은 경덕진에 어자국(御瓷局)을 설치하여 황실에 필요한 도자기를 충당했으나, 이전에 비해 청화백자는 생산량이 줄었다. 대신 유리홍(釉里紅)이라 불리는 동(銅)을 사용하여 그림을 그린 도자기가 많이 제작되었다. 무역을 억제하면서 도자기 수출을 막았지만, 그 결과 서아시아에서 코발트 수입도 막혀버렸기 때문에 발생한 현상이었다.

영락제(재위: 1402~1424)가 즉위한 이후부터 명나라 기풍은 조금씩 바뀌기 시작했다. "옛 법을 새롭게 부활시킨다"는 명목으로 경덕진에 어기창(御器廠)을 새로 설립하면서 관요의 기틀이 다시금 마련됐고, 황제의 명으로 정화(鄭和)의 대선단을 통해 도자기 무역이 이루어지면서 서아시아의 코발트를 이용한 청화백자도 세계적으로 큰 인기를 누렸다. 당시 서아시아와 거래한 중국 도자기 역시 현재 터키 톱카프 궁전에 다수 소장되어 있다.

다만 영락제 시기의 무역은 조공 무역을 바탕으로 단순히 신흥 강국 명나라의 위상을 높이기 위한 인위적인 형식의 무역이었기에 분명한 한계도 존재했다. 국가 지원이 끊기면 하루아침에 대규모 무역도 신기루처럼 사라지는 것이 한계였다.

한편 이때 만들어진 청화백자는 묘하게도 이슬람 청동 기물을 모방한 것들이 많았는데, 이는 황제 주변에 위치한 이슬람 환관들의 영향과 더불어 원나라 시대부터 꾸준히 이어져온 서아시아

- **12세기 이슬람 황동 주자(위)와 명 영락 청화백자 주자(아래)**

  이슬람 그릇을 모방한 중국 청화백자를 통해 당시 문화 교류의 모습을 확인할 수 있다.

문화의 유입이 만들어낸 결과물로 추정된다.

선덕제(재위: 1425~1435) 이후로는 자급자족에 만족하며 도자기 수출에 대한 열정은 다시 식어들었다. 당연히 서아시아와 교류도 줄어들었다. 대신 내부 통치 기반 확립에 힘을 썼는데, 관요와 민요의 두 체제가 완전히 정립되는 시기도 바로 이때다. 도자기의 관지명이 선덕제 시대에 등장하는 것으로도 확인할 수 있다. 관지명의 경우 이전에는 거의 없거나 단순히 관청의 이름이 붙어 있는 경우가 대부분이었다. 하지만 선덕제 이후부터는 적극적으로 관요에 한해 황제의 연호를 붙이기 시작했다.

예를 들면 '대명선덕년제(大明宣德年製)'를 풀어보면 '명나라 선덕황제 시대에 제작'이라는 말이다. 이렇게 황제의 연호를 도자기의 몸통이나 바닥에 해서체로 쓰기 시작하면서 어느덧 해당 도자기의 가치는 황제가 직접 보증하는 형태가 돼버렸고, 나중에는 아예 관요에 적힌 관지 자체가 브랜드화되기도 했다.

사실 명나라가 이렇게 관지를 적극적으로 이용하게 된 계기는 아무래도 관요의 엄격한 관리로 추정된다. 선덕 2년(1427)의 기록에 따르면 "요의 관리자가 어용기(御用器)를 여러 사람에게 나누어주어 황제가 그자의 목을 베어 거리에 매달도록 명했다"는 대목이 있다. 그러나 그 뒤에도 비리가 발생해 선덕 5년(1430) 이후

- **대명선덕년제 관지**
  황제의 연호를 직접 도자기에 붙이기 시작하면서 관요의 가치는 더욱 높아졌다.

에는 어기창에 감독을 보내 한층 엄격하게 이곳을 관리하게 했다. 지금도 선덕 자기에 대한 가치를 높게 평가한 당대 문인들의 글이 존재하는 것으로 보아 선덕 관요를 얻고자 하던 상층부의 열망이 대단했음을 짐작할 수 있다. 이 때문에 계속하여 생겨나는 비리와 부패를 방지하기 위해 아예 기물에 황제 이름을 새겨

함부로 가져갈 수 없게 만든 것이다.

결국 우여곡절 끝에 생겨난 관지 제도는 이후 명·청 관요를 상징하는 브랜드가 되었고, 특정 황제 시대의 자기를 특별히 좋아하는 컬렉터에게는 관지를 우선 파악하는 것이 도자기를 선택하는 가장 기초적인 기준이 될 정도로 갈수록 중요한 의미가 더해졌다.

계속된 혁신, '그림 같은 장식'을 입은 청화백자

이후 명나라 청화백자는 황제가 자신의 이름을 걸고 브랜드를 보장하던 관요의 꾸준한 기술 혁신으로 새로운 모습을 계속해서 보여준다. 그 결과 15세기 중순인 성화제(재위: 1464~1487) 시절에는 오랜 기간 해외에 의존했던 코발트를 중국 내 코발트로 대체하는 데도 성공했다. 그동안은 질이 떨어져 민간 도자기에서나 사용하던 중국 코발트였으나 제련 기술의 발달로 서아시아와는 다른 개성을 지닌 고급 청화를 만들 수 있게 되었다. 게다가 이번 청화는 물기가 많아 색이 옅은 대신, 발색은 깨끗하고 그만큼 섬세한 묘사가 가능했기에 중국식 회화 기법이 더욱 잘 표현될 수 있었다. 재료를 넘어 표현법도 중국화에 더욱 가까워진 것이다.

물론 도자기 장식에 중국식 회화 기법의 적극적인 수용은 청화뿐만 아니라 붓의 기술이 발달하는 데도 한몫했다. 이전의 붓은 안료를 충분히 흡수할 수 없었기에 처음 붓을 댄 부위는 청화가 진하지만 갈수록 연해졌다. 그럴 때마다 다시 청화를 묻혀 그림을 그릴 수밖에 없었고, 결국 전체적으로 짙고 옅음이 교차해 얼룩덜룩하게 보이는 문제점이 생기고 만다. 그 결과 회화가 힘 있고 강인해 보이는 장점은 있지만 섬세하거나 깔끔하지 않아 고급스러운 느낌을 잘 살리지 못했다. 이런 기법은 원나라부터 명나라 초기까지 이어져 청화백자 회화는 멀리서 보면 당당하나, 가까이서 자세히 보면 뭔가 자연스럽지 못하다는 느낌을 주었다.

반면 성화제 시대에는 물기를 많이 흡수하는 큰 붓이 발달하면서 한번에 안료를 충분히 머금을 수 있게 되었다. 덕분에 하나의 붓으로 그리는 시간이 길어지면서 동일한 색채만으로도 자연스러운 농담 표현까지 가능해졌으며, 한층 더 수묵화 기법에 가까워졌다.

다만 기술의 혁신이 있었지만 아직까지는 엄연히 한계가 존재했기에 그림의 테두리를 우선 짙은 청화로 그린 뒤, 물로 농담을 조절해 옅은 색으로 안쪽을 채워 넣는 방식이 한동안 활용되었다. 이 정도만 되어도 과거보다 붓의 흔적이 많이 남지 않아 그

- **명 성화 청화백자 운룡문완**(위)**과 명 성화 청화백자 초화문개관**(아래)

  명 중기 이후 청화 기술 발전으로 도자기 표면의 그림이 마치 수채화 같은 분위기를 보이기 시작했다.

림이 훨씬 깔끔하고 선명해 보였고, 옅은 수채화 같은 분위기는 부드러우면서도 귀족적인 느낌을 잘 살려주었다. 이처럼 세밀한 그림이 도자기의 중심이 되니 유약은 더욱 투명해졌으며 그림을 받쳐줘야 할 흙도 더욱 정밀하게 관리되었다.

무엇보다 이번 기술적 성과에서 중요한 점은 청화백자의 대중화가 쉬워졌다는 사실이다. 유화처럼 진했던 청화가 옅은 물기가 있는 청화로 변모하자 같은 양의 안료로 더 많은 청화를 만들 수 있었고, 그만큼 더 많은 청화백자를 생산할 수 있었다.

이처럼 새로운 기술의 진보는 마찬가지로 기술의 대중화로 연결되고 있었다. 관요에 이은 민간과 수출용 자기의 발전이 바로 그것이다.

02

수출용 도자기, 엄청난 인기를 누리다

근대 이전, 조공 무역은 중국의 대표적인 외교 정책 중 하나였다. 중국과 정상적인 외교를 하고 싶으면 우선 중국의 속국이 되어 황제에게 충성을 맹세해야 한다. 충성도에 비례해 중국 관작을 받은 후 다시 황제가 분배해준 지위에 따라 제한된 범위 내에서 무역을 인정받을 수 있었다.

　이는 중국의 가치관을 주변국에 강제로 주입시키는 특이한 정책이었기에 중국과 대등한 지위로 무역을 원하는 나라에는 큰 제약으로 다가왔다. 중국도 조공 무역을 반대하는 국가들의 적극적인 반발 때문에 때론 엄청난 비용을 감내하기도 했다. 그럼에도 황제의 권력 강화라는 이점 때문에 중화주의 사상에 기반을 둔 조공 무역은 오랜 기간 지속되었다. 조공 무역의 원칙은 한·당·송·원 등도 가지고 있었으나, 유독 이 원칙을 민감하게 받아들이고 보수적으로 운영한 나라는 명나라였다.

경직된 체계마저 바꿔버린 거대한 수요의 흐름

하지만 자급자족과 엄격한 조공 무역을 바탕으로 운영되던 명나라도 시간이 지날수록 그 틀이 안팎에서 서서히 무너지기 시작했다. 국가의 통제력이 약화되면서 상업 발달과 함께 청화백자도 널리 보급되었고, 이제는 민간에서도 청화가 그려진 그릇을 자유롭게 사용할 처지에 이른 것이다. 중국에서 제작되던 청화백자는 워낙 진귀한 물건으로 세상에 알려졌기에 이를 원하는 나라들은 갈수록 많아졌다.

이 나라들을 언제까지 조공 무역으로 묶어둘 수는 없었다. 결국 명 중기 이후부터 중국 남부 지역에는 밀무역을 바탕으로 하는 거대한 무역 시장이 형성되었고, 서아시아 이슬람 국가와 동아시아 국가의 상인들은 이곳에 들러 중국 도자기를 구입하기 시작했다.

밀무역에는 해외 상인뿐만 아니라 중국 상인도 깊은 관계를 맺고 있었기에 중앙 정부에서 아무리 단속을 하더라도 막아내기는 역부족이었다. 오히려 단속의 결과로 밀무역이 암시장으로 옮겨 가 물가를 상승시키고 말았다. 반란이 일어나 도자기의 가치를 더욱 올려버리는 역효과도 나타났다.

이처럼 상업이 발달하면서 자연스럽게 화폐에 대한 필요성도

• **명 숭정 청화백자 「인물고사도」 필통**

명 말기에는 민요를 중심으로 청화백자가 성행한다. 정부가 더 이상 요를 관리하지 못하면서 강남 지역 사대부나 부호를 위한 다양한 기물이 생산되었다.

커졌으나 명은 여전히 상업 천시라는 국가 원칙 때문에 화폐 생산량을 크게 늘리지 않았으므로 은이 그 역할을 대신하게 되었다. 은의 유통이 늘어나면서 새로운 변화도 이어지는데, 명나라 가정제(재위: 1521~1567)가 아예 조세 제도를 은으로 해결하는 일조편법을 단행하면서 본격적으로 은본위제가 운용되기 시작한다. 은이 사실상 화폐 역할을 하는 시대였다.

이와 함께 16세기 후반이 되자 기존의 이슬람·동아시아 지역을 넘어 유럽의 상인까지 직접 중국 도자기를 구하기 위해 중국으로 몰려오기 시작했다. 이들은 신대륙에서 나오는 풍족한 은을 바탕으로 중국의 상품을 적극적으로 구입했는데, 그 규모에서 과거의 도자기 수출량과는 비교도 되지 않았다. 기록에 따르면 네덜란드 동인도회사가 1602~1682년에 수입한 중국 도자기만 해도 무려 6,000만 점에 달했다고 전해진다. 어느덧 명 정부가 제도권 내에서 통제할 수 있는 수치가 아니었다. 중국에서도 이런 거대한 흐름을 인정할 수밖에 없었다. 과거와 달리 해외 상인의 입국뿐 아니라 중국인의 해외 무역도 일정 부분 승인하기에 이르렀다.

이러한 변화 속에서 관요 제도도 한계에 직면한다. 어느 순간부터 즉위하는 명나라 황제마다 어마어마한 사치를 즐기더니 이것이 관요의 생산량 증대로 이어지면서 도저히 질과 양을 동시에 만족시키는 것이 불가능한 상황이 되었다. 가정제 시대에는 이런 분위기가 극에 달해 명 초기에는 관요 제작 가마가 겨우 20기였던 데 비해 가정연간에는 배 이상인 50기로 증가했다. 이것으로도 부족하여 경덕진의 어기창에서 관요를 제작한 뒤 민간 도자기 생산 가마에서 대신 구워주는 방법으로 관요의 대량생산을 보충하기에 이르렀다. 점차 관요와 민요의 경계선마저 사라지기 시작한 것이다. 다만 관요와 민요가 합동으로 제작한다는 것은 그만큼 이 둘 사이의 기술 격차도 줄어들고 있음을 의미한다.

시간이 더 지나자 한계에 봉착한 관요를 대신하여 민요가 질과 양이라는 두 가지 부분을 어느 정도 충족시키는 제품을 생산하기 시작했다. 이때 나온 민요들은 작품 수준도 무척 높았다. 그릇을 포함한 문방구류 등 종류도 다양하고 당시 중국인이 좋아하던 연극이나 「고사도」의 인물을 표현한 것이 많았다.

명 후기에 경덕진의 도자기요들은 대량생산 기법을 적극 적용하여 어마어마한 양의 청화백자를 생산했다. 이곳에서는 현대의 공장처럼 각 공정마다 기술자를 두어 오직 맡은 일만 신속하게 반복해서 수행했다. 도자기 형태를 만드는 사람은 형태만 만들고 그림을 넣는 사람은 그림만 넣었으며 가마에 불 때는 전문가도 따로 두었다. 이처럼 집단으로 모여 일을 하게 되니 어느덧 현대의 노동조합과 비슷한 모임도 얼추 갖추게 되었다. 당시 도공들은 해마다 높아지는 물가 상승에 비해 임금은 낮고 일의 양은 많았다.

대부분의 이익은 소수의 상인과 관리에게 돌아갔으므로 이에 반발하는 도공의 집단 파업도 잦을 수밖에 없었다. 하지만 상인 입장에서는 소수의 고급 전문 기술자만 포섭한다면 단순 노동자

야 언제든지 쉽게 구할 수 있었기에 안타깝게도 대부분 파업은
실패로 돌아가고 말았다.

유럽의 관심을 한몸에 받은 크락 자기

명대 수출 자기 전성시대를 상징하는 청화백자로는 이른바 크
락 자기(Kraak Porcelain)가 손꼽힌다. 세계를 호령한 로마제국이 무
너진 이후 유럽은 15세기 초만 해도 세계의 변방에 불과했다. 그
러나 선진 문화를 지닌 이슬람 세력과의 계속된 대립과 문물 교
류로 유럽에도 점차 왕을 중심으로 하는 중앙 권력 체제가 자리
잡기 시작했다. 이를 바탕으로 바다로 도전하는 대항해시대를 열
었다.

포르투갈과 에스파냐는 무역을 통해 적극적으로 부의 증대에
힘썼는데, 이를 위해서는 중국과 유럽 간의 중개무역으로 큰 부
를 얻는 서아시아의 오스만제국을 꺾어야 했다. 마침내 이전과
다른 새로운 무역선을 뚫기 위해 대서양과 인도양으로 탐험을
나섰다. 그 결과 대서양으로 떠난 탐험가는 신대륙을 발견하여
은광을 개척하고, 인도양으로 향한 탐험가는 아프리카를 넘어
중국으로 통하는 무역선을 개척했다. 이들은 필리핀과 마카오를
중국 무역의 전진기지로 이용해 중국 도자기를 수입했고, 필요

- **명 말기 수출형 자기**

　이른바 크락 자기라고 불리며 당시 엄청난 양이 생산되어 수출되었기 때문에 수백 년이 흐른 지금도 상
당한 양의 자기가 남아 있다.

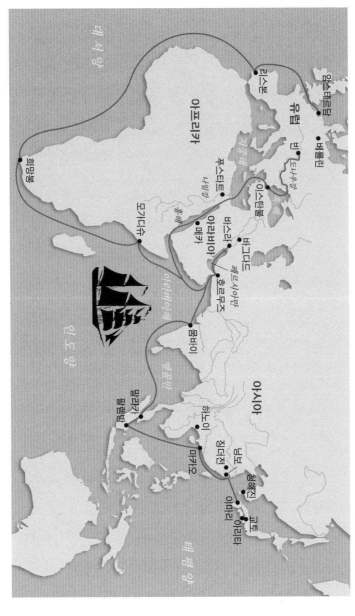

• **도자기 해상무역로**
중국에서 생산된 청화백자는 해상무역로를 통해 유럽뿐 아니라 인도와 동남아시아까지 세계 각지로 퍼져나갔다.

한 돈은 신대륙의 은으로 지불할 수 있게 되었다. 이후로 수입되기 시작한 도자기 중 가장 유명한 기형이 바로 크락 자기였다. 크락은 포르투갈의 범선 이름인 카락(Carrack)에서 비롯되었다고 하며, 얇은 백자에 여러 개 칸을 나눈 뒤 식물·동물·인물·풍경 등을 잔뜩 그려 넣은 형식이었다. 가능한 청화를 아낌없이 채워 넣어 값비싸 보이게 만든 것이 특징이다.

이후 포르투갈·에스파냐 귀족 중심으로 홍행하던 중국 청화백자는 신흥 해상 강국으로 발돋움하려던 네덜란드의 눈에 띄게 된다. 네덜란드는 포르투갈과 에스파냐의 무역선을 해적처럼 나포하여 운반하던 물건을 강탈하곤 했는데, 당시에는 이런 모습이 합법적인 약탈 문화로 인정되고 있었다. 이에 신흥국인 영국·네덜란드는 포상금 제도를 통해 무역선 공격을 조장했다. 그런데 나포된 배에서 중국 청화백자를 대거 확보한 네덜란드가 이를 암스테르담 경매에 내놓았더니 상상 이상의 큰 이익이 발생했다. 중국 도자기가 지닌 의미가 유럽 전체로 확대되는 사건이었다. 이후 네덜란드는 동인도회사를 설립하고 동양의 특산물을 구입해 유럽으로 대량 수출하는 중개무역에 힘썼는데, 중국의 특산물로는 차와 더불어 청화백자가 단연 최고 인기 품목이었다. 어느덧 17세기가 넘어서자 포르투갈·에스파냐를 넘어 프랑스·영국·독일의 여러 왕과 영주까지 원하는 물건이 되었다.

유럽의 자금이 몰려오자 경덕진에서는 유럽이 원하는 회화 장식의 도자기를 적극적으로 다량 생산했다. 지금도 유럽 박물관에서 전시되고 있는 청화백자의 상당수가 이때 수입된 것이다. 물론 유럽만 원한 것은 아니었다. 유럽 시장의 맞춤 형식인 청화백자에 대해 다른 나라에서도 적극 관심을 표했다. 이에 현재 동남아시아나 인도 등지에서도 중국이 당시에 수출하던 도자기를 많이 발견할 수 있다. 유럽의 중개업자들이 동남아시아와 인도 등지에서 나오는 토산물과 자신들이 수입한 중국 도자기를 물물교환했기 때문이다. 이처럼 기존의 동아시아, 서아시아를 넘어 자본이 두둑한 유럽이라는 새로운 고객이 생기면서 중국 도자기는 세계적인 공예품의 정점을 향해 달려가고 있었다. 수출 자기의 뜨거운 열기는 명나라의 뒤를 이은 청나라 시대에도 계속되었다.

03

청나라로 이어진 청화백자

부정부패와 무능력으로 명나라가 자멸에 가까운 최후를 맞이한 뒤 만주에 위치했던 청나라가 만리장성을 넘어 중국으로 들어왔다. 청나라는 만주족이 세운 나라였는데도 "중국 백성을 구한다"는 명분을 앞세워 원나라나 명나라보다도 유연하고 세련된 정치를 보여주었다. 중국을 장악한 청나라는 자신들을 유교 질서의 보호자로 천명했고, 만주족과 몽골족, 한족이 서로를 견제하는 정치 제도를 들여와 황제의 권력 남용도 원과 명에 비해 훨씬 줄어들었다. 황제들도 한동안 역량이 뛰어난 인물들이 계속 즉위했는데, 이 가운데 강희제(재위: 1661~1722)·옹정제(재위: 1722~1735)·건륭제(재위: 1735~1796)는 중국에 새로운 전성기를 선보인 지도자다. 초반에는 한족의 반란과 '삼번의 난'으로 위기에 봉착한 적도 있었으나 슬기롭게 해결할 수 있었다.

결국 명나라에 이어 수도를 베이징에 자리 잡은 청나라는 다양한 정책을 통해 사회를 안정화시켰다. 우선 남부 지역의 세금 체납자를 대거 처벌하여 명나라 시절에는 사실상 세금을 내지 않고 있던 자들의 특권을 무효화시켰다. 또한 동전을 대량 주조하여 화폐 유통이 잘될 수 있도록 만들었다. 이때 청나라가 초기 10년간 주조한 동전의 양이 명나라 276년 동안 주조한 양보다 많았다고 하니, 명나라의 화폐에 대한 무관심이 얼마나 한심한 수준이었는지 알 수 있다. 은과 더불어 동전까지 화폐로 사용되면서 화폐 유통에 대한 민간의 부담이 크게 줄어들었으며, 덕분에 경제 호황을 다시금 불러왔다.

한편 도자기의 경우, 순치제 11년(1654)부터 어요창을 설립하여 관요 제도를 확립하고자 했으나 그 성과는 좋지 않았다. 여전히 남부 지역은 새로운 왕조에 대한 반발이 컸으며, 이 때문에 청황실을 중심으로 하는 경덕진 관요보다 당장 경제력에 좌우되는 민요가 운영 면에서 더 유리한 점이 많았다. 결국 민요와의 경쟁에서 질 좋은 흙과 뛰어난 도공을 확보하기가 힘들었던 만큼 관요라 불릴 만한 품격 있는 도자기를 생산하지 못했다.

그러나 분위기는 다시 바뀐다. 순치제 18년(1661)에는 해상 봉쇄령이 내려졌다. 한족 저항 세력이 내륙과 해안을 연결하며 계속 반란을 일으키자 이들을 경제적으로 고립시키기 위해서였다.

네덜란드 동인도회사 기록에서도 이 시기에 공식적인 중국 도자기 수출이 한동안 중지되었음을 확인할 수 있으며, 그만큼 민요들의 타격도 컸다. 이에 더해서 강희제가 즉위한 뒤에는 '삼번의 난'이라 하여 한족 무장과 큰 전투가 벌어지는데, 이로써 중국 남부 지역은 큰 혼란에 빠졌고 경덕진의 도자기 생산 지역도 대부분 파괴될 정도로 큰 피해를 보았다. 다시 말해 민요의 뿌리가 완전히 무너져버린 것이다.

고난을 딛고 최고를 완성한 강희제 시대

하지만 강희제는 삼번의 난이 거의 진압될 시기부터 경덕진에 다시금 관요 제도를 확립시키고자 노력했다. 유교식 국가를 운영하기 위해서는 그에 맞는 격식 있는 그릇이 필요했고, 이것이 만주족이 지닌 정통성의 한계를 일부 채워줄 수 있었기 때문이다. 청나라 입장에서는 관요 제도에 대한 두 번째 도전이었으나 처음 시도 때보다 진행 상황이 좋았다. 번성하던 민요는 해상 봉쇄 정책과 삼번의 난으로 사그라졌다. 하지만 황실의 충분한 지원으로 자본 조달이 가능했던 청나라 관요에서는 뛰어난 도공과 흙을 쉽게 구할 수 있었다. 특히 강희제 22년(1683)에는 마지막 저항지인 타이완까지 평정하여 해상 세력에 대한 위협이 완전

· 청 강희 청화백자 해수용문병
중국의 혼란기가 극복되면서 다시금 완성도 높은 청화백자가 생산되었다. 특히 수묵 농담법이 한층 발
달하면서 회화적 표현력은 더욱 극대화되었다.

히 사라졌고, 이듬해에는 해상 봉쇄 정책도 폐지되었다. 이에 중
국 상인은 동남아 등지로 진출할 수 있게 되었으며 해외 상인들
은 다시 중국으로 몰려들었다. 결국 강희제 중반기가 되자 중국
은 다시금 관요와 민요의 두 체제가 충실히 운영되는 도자기 산
업을 구축할 수 있었다.

이에 따라 청화백자는 강희제 시기에 들어와 다시 한번 수준

• **「삼국지 고사도」가 그려진 청화백자**
  어느덧 관요뿐만 아니라 민요도 안정화되면서 명나라 시대보다 더 다양한 청화백자가 만들어졌다.

높은 성과를 선보이게 되는데, 이 시기에 완성형 청화백자라 불릴 만큼 질적으로도 최고 수준의 도자기가 생산되었다. 그동안 민간 도자기 생산지에서 선보였던 다양한 표현법이 관요를 통해 세련되게 정리되면서 전에 볼 수 없었던 수준 높은 청화백자가 관요에 등장한 것이다.

- **청 건륭 청화백자 당초문천구병**

  건륭 시대를 거치며 청화백자는 정형화된 형태와 회화를 지닌 채 대량생산되었다.

  이 중 가장 주목할 것은 분수기법(分水技法)이라 불리는 청화 농담법이다. 명나라 중기부터 등장한 청화 농담 기술이 꾸준히 발전하면서 이제는 도자기 표면에도 마치 종이에 묘사된 수묵화처럼 그림을 그릴 수 있는 단계까지 이르렀다. 선염법(渲染法)이라 하여 물에 번지는 듯한 최고의 회화 수준 농담까지 완벽하게 적용될 정도였다. 덕분에 지금도 강희제 시대 청화백자는 큰 인기를 누리고 있다. 박물관에 전시된 도자기를 보면 민요 시절의 자유분방함과 관요의 엄격함을 동시에 지니고 있어 묘한 매력을 풍긴다. 다만 초기의 관요도 시일이 조금 더 지나면 개성적인 면보다 정형적인 면이 부각되면서 특유의 생동감은 많이 줄어든다. 결국 강희제 시대에 만들어진 관요의 격은 이후 옹정제·건륭제를 거쳐 청나라가 사라질 때까지 이어진다.

당연히 경덕진의 민요에서 생산되는 도자기들도 관요만큼 빠른 시일 내 복구되어 다시금 수출 자기의 명성을 회복했다. 흥미로운 점은 명 후기부터 청 초기까지는 민요에서도 종종 관요 수준의 질 높은 청화백자를 볼 수 있었으나, 청 시대에 들어오면 시장에서 거의 사라졌다는 것이다. 이는 관요가 다시금 정립되면서 벌어진 현상이었다.

그럼에도 세계 어느 생산지에서도 보기 힘든 일정한 수준의 도자기를 다양하게 대량생산하여 수출과 내수 모든 면에서 압도적인 실력을 보이는 것은 여전했다. 청나라는 관요 제도를 정비하면서 관요만이 지니고 있는 특별한 격을 유지하기 위해 상당히 노력했다. 형태나 질에서 민요와 관요 간에 차별을 엄격하게 두었던 것이다.

재현된 영광, 오래가지 않았던 전성기

다만 아쉬운 점은 청나라가 보여준 화려하고 긍정적인 모습 뒤에 분명한 한계도 숨어 있었다는 것이다. 도자기를 통해서도 이를 확인할 수 있는데, 강희제 시대에 들어와 이전과 비교하기 힘든 수준까지 도자기의 질을 끌어올렸지만, 이 순간부터 송나라의 실패 때처럼 보수적인 형태를 답습하기 시작했다. 과거 송·명 시대 유행하던 도자기를 모방하여 기형과 형태를 그대로 유지한 채 제작하거나, 청 후반기에는 아예 청 초기의 강희제 시대에 유행한 도자기를 모방하여 제작하기도 했다. 미래에 대한 고민보다는 끊임없는 답습을 통해 과거의 영광을 회복하는 일에만 집중한 것이다.

도자기를 통해서도 알 수 있듯이 청나라는 사회적으로 한계에 부딪히고 있었다. 청은 이미 건륭제 시대에 들어오면서 몽골과 주변국을 마저 정복하여 이전 한족이 세운 어떤 나라보다 넓은 영토를 자랑했고, 인구도 크게 늘어 역대 최고 수준의 부강함을 보였다. 하지만 부정부패는 늘어나고 강해지는 해외 국가에 대한 신경질적인 불안감은 커져갔다. 결국 해외 무역을 위해 열어둔 네 개의 관도 어느덧 하나로 줄어들었으며, 국초에 비해 조공 무역이라는 틀을 더욱 강요하기도 했다.

갈수록 보수화되는 청나라에게 중국과 대규모 무역을 추진하던 서양 국가들은 큰 불만을 보이기 시작했고, 이것은 얼마 뒤 새로운 위기로 다가온다. 결국 청나라는 중국 왕조 시대의 마지막을 장식한 화려한 황혼이 되었다.

04

새로운 주인공이 된 채색 자기

최고 수준의 청화백자 완성도를 보여주던 강희제 시대를 지나 건륭제 시대가 되었다. 이때 청화백자는 새롭게 발전된 모습을 보여주기보다는 강희제 시절 만들어진 품격을 유지하거나 과거 유명했던 명나라 선덕제·성화제 시대의 청화백자를 모방하는 데 집중하고 있었기에 장식이나 표현력에서 보수적이고 정형화된 모습을 보였다.

오랜 인기를 구가하던 청화백자가 표현의 한계에 직면하고 있을 때, 다른 한편에서는 채색 자기의 부흥이 시작되고 있었다. 건륭제 시대가 되면 중국 채색 안료가 본격적으로 등장하면서 다양한 색을 지닌 도자기가 관요·민요 할 것 없이 등장했으니, 이를 분채(粉彩)라 부른다. 분채는 화려한 색과 다양한 기법 덕분에 지금의 눈으로 보아도 완성도가 현대 도자기 못지않아 놀랍다. 마치 청화백자가 흑백 사진이라면 분채는 컬러 사진을 보는 듯한 느낌을 주어 당시 청나라에서도 청화백자의 자리는 분채에 밀려 좁아졌다. 바야흐로 채색 자기의 전성시대가 열린 것이다.

더해지는 색채와 풍부해지는 기법, 채색 자기의 발전

사실 분채가 나오기 전부터도 색이 칠해진 도자기는 꾸준히 생산되고 있었다. 멀리 거슬러 올라가면 당나라 시대 인기리에 제작되었던 당삼채라 불리는 도자기부터 시작하여 송·원 시대에는 홍록채(紅綠彩)라는 채색 자기가 등장했는데, 이것이 명대 들어와 오채(五彩)로 정리된다.

오채는 다섯 개의 색이 쓰였다 하여 붙여진 이름으로, 각각 홍색·황색·녹색·갈색·자색이다. 이 가운데에서도 보통 안료 두세 개를 활용하여 색을 넣었는데, 이 과정에서 청화백자와는 다른 제작 방법이 필요했다. 사실 섭씨 1,300도의 고온에서 버틸 수 있는 안료는 철·동·코발트뿐이다. 즉 다른 색의 안료는 도자기를 만드는 온도에서는 그대로 녹아 사라진다는 것을 의미한다. 따라서 우선 섭씨 1,300도에서 1차 소성한 하얀 백자 위에 채색 안료로 그림을 그린 뒤 2차로 섭씨 700도 정도의 저온에서 한 번 더 구워내는 방식으로 색을 입히는 방법을 고안한다. 이로써 깔끔하게 다양한 색이 그려진 도자기가 만들어졌다.

오채 도자기는 명나라 선덕제 시대에도 소수 만들어졌으나 본격적으로 제작된 시기는 명 후기인 가정제와 만력제(재위: 1572~1620) 시대였다. 두 황제 모두 사치와 화려함을 좋아했던 만큼 오채 자기의 다양한 색에 큰 흥미를 가진 듯한데, 덕분에 청화백자와 더불어 오채도 대량생산되면서 질적으로나 양적으로 모두 큰 발전을 이룰 수 있었다. 두 황제 시대의 오채 회화는 흐트러지는 듯한 자연스러움과 다양한 장식이 빈틈없이 메워져 있는 것이 특징이다. 전체적인 미감에서 명나라 시대에 구축된 관요의 느낌보다 원나라 청화백자에서 보이는 시제품 같은 분위기가 나는데, 당시 오채 역시 원나라 청화백자처럼 도전적으로 시도된 작품이라 비슷한 느낌을 풍기는 것 같다.

한편 오채 외에 인기 있던 채색 자기로는 투채(鬪彩)가 있었다. 이름에 싸울 투(鬪) 자를 쓸 만큼 색이 화려하고 아름다운 채색 자기로, 명나라 성화제 시절에 유행했다.

다만 청나라 초기까지만 해도 투채도 오채의 일종으로 평가받았으나 청나라 황제였던 강희제·옹정제의 투채에 대한 사랑이 워낙 커서 청나라 시대 독립된 도자기 기법으로 재탄생된다.

물론 만드는 기법도 오채와 차이점이 조금 있었다. 섭씨 1,300도의 고온에서 1차 소성한 자기에 색채 안료를 입힌 후 2차

- **명 가정 오채어조문호(위)와 명 만력 오채백녹문호(아래)**

  화려한 색으로 가득한 채색 도자기는 이미 명나라 시대부터 인기리에 만들어지고 있었다.

• **청 옹정 투채단화화접문완**
색감을 단정하게 입히는 투채 도자기는 옹정제 시대 큰 인기를 누린다.

로 섭씨 700도의 저온에서 다시 굽는 방식은 동일하나, 오채와 달리 1차로 굽기 전 미리 청화로 그림 테두리를 그린 것을 가마에 넣는다는 과정이 달랐다. 청화로 테두리가 그려진 1차 결과물을 바탕으로 색 안료를 청화 테두리 안에 다시 채운 뒤 2차로 구웠던 것이다. 이에 그림 테두리가 청색으로 선명하게 남아 오채에 비해 깔끔하고 정제된 느낌이 있었으며, 그 개성 덕분에 지명도가 생겨 오래 지속될 수 있었다.

청나라로 들어오자 오채와 투채는 다시 한번 새로운 전성기를 맞이했다. 명대와 비교해 기술적으로 진일보하면서 과거보다 더

다양한 그림 주제를 표현한데다 그림 하나하나도 세밀하고 아름
답게 묘사하는 단계에 이르렀다. 이는 채색 안료에 대한 꾸준한
연구의 결과였는데, 큰 붓에 충분한 안료를 머금을 수 있게 만든
것이 주요했다. 덕분에 하나의 붓으로 다양한 회화 기법을 표현
할 수 있게 되었다. 이러한 기술적 성과는 당연히 당대 최고의 기
술력을 보여주던 청화 기법에서 도입된 것으로, 하나의 발전된

기술이 다른 곳으로 빠르게 적용되는 모습을 보여준다. 다만 청나라 초기에 오채의 인기가 상당했다 하더라도 생산량과 선호도에서는 여전히 청화백자의 수준에 미치지 못했다.

법랑채와 분채, 진화하는 '동도서기(東陶西技)'

한편 강희제·옹정제 시대에는 도자기 채색 방법 가운데 하나로 서양 안료에 특별한 관심을 보인다. 청나라가 개국한 뒤 유럽과의 관계 개선 속에 상당히 많은 서구인이 중국에 방문했는데, 청나라 황제는 서구의 문화에 큰 흥미를 가지고 있었다. 특히 서양 회화의 다채롭고 선명한 색감에 큰 의미를 부여한 강희제·옹정제는 서양 안료를 이용해 황실에서 사용할 채색 자기를 제작해보도록 명한다. 이것을 법랑채(琺瑯彩)라 하며, 만들어지는 과정이 독특해서인지 서양 유화 느낌이 물씬 풍기는 회화 장식을 지니고 있다. 결국 동양과 서양 문화의 결합으로 등장한 도자기였던 것이다. 게다가 화려한 색감과 품질에서 중국 전통 채색 자기인 오채를 능가하는 매력이 있었기에 법랑채가 중국 도자기 산업에 미친 충격은 상당했다.

그 결과, 건륭제 시대에 들어오면 서양의 법랑채 안료를 중국에서 대량으로 생산하는 데 성공한다. 나름 국산화로 응용한 것

- **청 건륭 분채구도병**
  과거 청화 코발트를 자국산으로 만든 것처럼 중국은 채색 안료도 빠른 시일 내 자국 안료로 만들어 분채라는 도자기를 생산한다.

이었다. 사실 법랑채가 한창 인기였던 옹정제 시대부터 오채 안료를 바탕으로 실험을 거듭한 결과 법랑채 색감과 비슷한 중국산 안료를 만들어내기 시작했다. 이것을 조금 더 발전시켜서 중국산 법랑 안료를 탄생시켰다. 이렇게 만들어진 중국산 채색 안료를 도자기에 사용한 뒤 이를 분채(粉彩)라 불렀다. 채색 자기를 넓게 확대시킬 혁명적인 결과물이었다. 한편 분채는 법랑채와 달리 안료 농도가 낮아서 오채보다 선명한 색을 지녔음에도 전통적인 중국 채색화 기법을 그대로 표현할 수 있다는 장점이 있었다.

중국 황제의 취향에 맞추어 제작된 법랑채보다 대부분의 중국인 취향과 일치하던 분채가 사회적으로 더 큰 인기를 누렸다. 분채는 중국 도자기를 대표하는 얼굴로 빠르게 올라섰고, 관요뿐만 아니라 민요까지 채색 자기를 대량생산하는 단계에 이른다. 이 시점이 되면 생산되는 양에서도 청화백자보다 채색 자기가 많아졌으니, 청화백자도 청자처럼 기술상 최고의 절정기를 맞이한 지 얼마 되지 않아 물러나야 했다.

하지만 중국 채색 자기의 전성기는 과거 청자나 청화백자와 비교하면 그다지 길지 못했다. 오랜 노력 끝에 18세기에 들어와 드디어 유럽 등지에서도 자기가 생산되기 시작한 것이다. 채색 자기의 기술 발전은 이후 엄청난 속도로 진행되어 얼마 지나지 않아 18세기 중반에는 이미 유럽의 채색 자기 수준이 중국을 넘어서기 시작했다.

다만 가격 경쟁력에서 중국이 조금 우세할 뿐이었다. 그러나 이러한 부분도 18세기 후반부터 유럽에 산업혁명이 본격적으로 시작되자 여전히 전통 농경 국가였던 중국으로는 도저히 이길 수 없는 단계에 이른다. 이후 유럽의 도자기 선진국인 영국·프랑스·독일의 채색 자기가 유명해졌으며, 지금도 근대 이후 전통적인 강자로는 아시아보다 오히려 서구권 도자기를 높게 치고 있다.

05

조선의 청화백자

조선은 국가를 성립한 이후로 꾸준히 백자에 관심이 있었다. 덕분에 15세기 전반부터 백자를 만들고 있었으나 여전히 청화백자까지는 이어지지 못했으며 백자의 수준도 중국에 비하면 부족한부분이 많았다. 한때 한반도에서 중국 못지않은 청자까지 만들었던 것에 비하면 상당히 아쉬운 점일지도 모르겠다. 결국 세종(재위: 1418~1450) · 문종(재위: 1450~1452) 시대까지는 명으로부터 사절단을 통해 청화백자를 받거나 일본이 중국으로부터 수입한 것을 선물받는 형식으로 충당했다.

'청화백자 신드롬'이 만든 조선 청화백자

이런 과정에 조선에서도 왕실을 중심으로 고급 청화백자 생산에 대한 고민이 시작된 것으로 추정된다. 중국 청화백자의 인기는 어느덧 왕실을 넘어 사회적으로 대단한 지경까지 올라갔는

• **조선 청화백자 '홍치이년' 송죽문호**

　조선 성종 시기에 만들어진 작품으로 조선 초에 청화백자 제작 기술이 상당했음을 보여준다.

데, 관련 기사가 『조선왕조실록』 성종(재위: 1469~1494) 8년(1477)에

잇따라 기록되어 있다.

　"청화자기는 이미 사용을 금지했는데, 대신과 척리들이 이를 사용

　하기를 좋아하니, 낮은 관리가 어찌 이를 적발할 수 있겠습니까?

　청컨대 금지를 명하소서."

-성종 8년 윤2월 13일

- **조선 청화백자 매죽문호**
  조선 전기에 제작된 청화백자로 비슷한 작품이 오사카 시립 동양 도자 미술관에도 있다.

"큰 상인들이 제멋대로 하여 거리낌 없는 것이 습관이 되어 화자
기(畫磁器)와 같은 것은 토산(土産)이 아닌데도, 중국에서 구하여
산다고 하니, 국법을 두려워하지 않음이 이와 같다."

－성종 8년 윤2월 14일

결국 15세기 중후반으로 넘어가면 대신부터 상인까지 능력만

된다면 국법을 어겨서까지 중국 청화백자를 구입하여 사용했다. 수요 상황이 이러하니 조선도 고급 백자를 넘어 청화백자까지 생산하기에 이른다.

다만 그 상한선에 대해서는 학자마다 의견이 다르며 15세기 중반으로 추정하는 것이 일반적이다. 이는 조선 청화백자 중에서도 드물게 제작 연대가 확인되는 작품을 통해 알 수 있다. 동국대에 소장되어 있는 국보 제176호 '청화백자 홍치이년 송죽문호'는 도자기 입구 안쪽에 적힌 '홍치이년(弘治二年)'이라는 기록을 통해 1489년에 제작했음을 확인할 수 있다. 조선에서 만든 이 청화백자는 청화로 화려하게 그림이 그려진 것으로 보아 당시 왕실에서 절에 기증한 물건으로 보인다.

조선 전기에도 청화백자를 상당한 수준으로 만드는 능력이 있었으며, 특히 도자기 속 회화가 지닌 실력은 중국에도 뒤지지 않았다. 조선에는 묘지(墓誌)라 하여 죽은 이의 생년월일·행적 등을 적어 무덤 안에 함께 넣는 물건이 있었는데, 그중 청화로 글을 쓴 것이 존재한다. 지금까지 발견된 묘지 중 1465년이 가장 이른 편이라 15세기 중반에는 청화를 백자에 사용하는 것이 익숙해지고 있었다는 사실을 보여준다.

이후 15세기~16세기를 거치며 꾸준히 조선에서도 청화백자가 제작되기는 했으나, 현재 남아 있는 작품을 살펴보면 동시대 순백자에 비해 그 수가 극히 적은 것을 알 수 있다. 당시에도 생산량이 충분하지 않았다는 말이다. 이는 청화를 만드는 데 필요한 코발트가 조선에서 생산되지 않았다는 점과, 설사 중국을 통해 코발트를 구입하더라도 가격이 무척 비싸 대량으로 수입하지 못했다는 점, 나아가 코발트를 구입하여 조선백자에 장식해도 가격 면에서 중국 경덕진에서 만든 민간, 수출용 자기와 경쟁이 되지 않았다는 점 등이 이유였을 것이다. 이러했으니 조선 초기에 만들어진 청화백자는 사실상 왕실 외에는 거의 사용할 수 없는 과시적인 성격을 지니고 있었다.

조선 대중'만'의 그릇이 되다

그렇다면 조선에서 만든 청화백자가 대중적인 도자기가 된 것은 언제였을까? 18세기~19세기에 들어와 경기도 광주 요지에서 청화백자가 나름 대량생산되면서 대중화되었다. 이 과정에서도 여러 우여곡절이 있었다. 조선은 임진왜란과 병자호란을 통해 왕조가 무너질 뻔한 경험을 했다. 이를 수습하기 위해 숙종(재위: 1674~1720)은 유교적 이념화를 권장하며 보수적 유교 질서를 정비했다. 이와 관련된 정책 중 하나로 경기도 광주 지역에 관요를 재

- **조선 19세기 청화백자 국화문병**
  19세기 작품으로 동시대 중국 디자인에 영향을 받았으나 이를 나름 조선식으로 표현하고 있다.

정립하고 백자를 생산하게 했다. 엄격한 유교 왕권을 상징하는
여러 의식 도구로서 도자기가 필요했기 때문이다.

하지만 당시에는 청나라와 맺은 부정적 관계와 과소비 풍조를
막으려는 노력 등으로 청화 수입이 여의치 않아 철화로 그린 도
자기를 만들었다. 철화 자기 생산은 영조(재위: 1724~1776) 중기까
지 이어졌고, 18세기 중반이 되어서야 청화백자가 다시 만들어

졌다.

　이후 조선 청화백자는 상업의 발달과 함께 인기 있는 상품이 되어 전국으로 퍼져나갔다. 대동법을 실시하면서 민간 상인들이 물자 이동을 맡았기에 상업이 갈수록 흥했고, 조선에도 화폐가 대중적으로 사용되었다.

　18세기 새로 만들어진 조선 청화백자는 중국풍이 강했던 조선 초 청화백자에 비해 한동안 조선의 맛이 물씬 묻어났다. 이는 중국에 청 왕조가 들어서자 만들어진 소중화(小中華) 정신이 바탕이 된 것으로, 한국적인 미감에 대한 고민이 도자기에도 담겼다.

　하지만 좋았던 시절도 잠시, 정조(재위: 1776~1800) 이후 왕권이 약화되자 민간 상업 제품을 제작하는 데도 관요 도공이 동원되었고, 관요 몸값을 지급할 능력이 되지 않았던 국가는 이런 모습을 묵인하기에 이른다. 결국 어렵게 자리 잡은 관요 제도는 다시금 무너지기 시작했고, 광주 관요에서 제작되는 도자기 중 민간으로 유출되는 양이 갈수록 많아져 실력 있는 집안이면 이를 구해 사용하는 것도 가능했다. 결국 명맥만 유지하던 관요는 고종(재위: 1863~1907) 21년(1884)에 민영화되어 사라지고 말았다.

　한편 19세기에는 중국과의 무역이 늘고 관계가 깊어지면서 다시금 중국풍 청화백자가 많이 생산되었다. 그러나 질적인 면에서 분명한 한계가 있었기에, 갈수록 돈이나 권력이 있는 자는 중국 도자기나 일본 도자기를 사용하고자 했다. 상황이 이렇다 보니 조선의 소비자들에게는 아무리 잘 만든 조선 도자기도 해외의 것에 비하면 못하다는 인식을 주게 되었다.

조선은 청화백자를 생산했으나 대부분이 국내에서 소비하는 정도에서 더 나아가지 못했으며, 이는 고려청자가 중국·일본 등지에 적극적으로 수출된 것과 비교하면 여러모로 아쉬움이 남는 일이라 하겠다. 비슷한 시기에 아시아에서 중국을 제외하고도 베트남·일본 등이 자국에서 생산한 청화백자를 통해 적극적으로 서아시아·유럽 등과 도자기 무역 교류에 나선 것과 비교해도 조선이 가진 세계관이 유독 좁았던 것은 분명해 보인다.

결국 17세기 이후 발생한 도자기 무역 전성기에 조선의 역할은 제한적이었으며, 그만큼 백자의 완성도도 일정한 한계점에서 벗어나지 못했다.

제5장

세계로 퍼져나가는 도자기 문화

01

서아시아의 도자기 산업

서아시아는 고대부터 유리 산업이 발달해 장식·그릇·생활 도구 등 여러 방면에 유리를 쓰는 경우가 많았다. 역사를 간단히 살펴보자면 기원전 30세기 무렵부터 유리를 사용했는데, 이후 기술 발전으로 다양한 유리 용기를 제작하기에 이른다.

이 가운데 유명한 것이 코어(core) 성형 기법으로 기원전 16세기부터 메소포타미아에서 유리를 제작하면서 유리 공예는 독립적인 공예품으로 올라서게 되었다. 서아시아의 유리 제품은 유럽·아프리카뿐만 아니라 동아시아로도 무역을 통해 들어왔으며, 완성도 높은 도자기가 만들어지기 전까지는 오랜 기간 인간이 만들어낸 최고의 그릇으로 인정받아왔다. 유리가 지닌 방수성과 가볍고 투명한 형태는 감히 따라올 수 없는 가치를 지녔기 때문이다. 현재 경주 신라 고분이나 일본의 쇼소인(正倉院)에서도 서아시아의 유리 제품을 발견할 수 있는데, 그만큼 동아시아 선조들도 유리가 지닌 매력을 남다르게 보았다는 증거일 것이다.

중국과는 다른 서아시아 도자기

유리를 만들기 위해서는 불과 모래를 쓰는 것이 무엇보다 중요했다. 도자기 생산에 불과 모래를 사용하는 점과 유사하다. 하지만 비슷한 기법에도 불구하고 고대부터 높은 수준의 유리공예를 통해 명성을 얻은 서아시아에서도, 중국 수준의 도자기 그릇까지 만드는 데에는 실패한다.

그것은 이 지역에 고급 도자기 제작에 필요한 질 좋은 흙을 찾기 어렵고 장시간 섭씨 1,200~1,300도까지 온도가 유지되는 가마 기술 역시 중국 수준에 미치지 못했기 때문이다. 흙으로 만든 그릇에 얇은 유리를 씌우는 형식으로 유약을 덮은 그릇을 만들기도 했다. 그러나 당대 이슬람의 『조리실 입문서』를 보면 "토기 그릇은 매일, 유약 바른 그릇은 5일에 한 번씩 바꿔야 한다"는 기록이 나온다. 이처럼 서아시아의 한계는 분명했다. 서아시아에서는 도자기 산업이 꾸준히 유지되었지만, 실용적인 그릇보다는 외관의 아름다운 장식을 극대화한 장식용 그릇이 많았다. 유약으로 덮은 화려한 도기를 건축용 벽돌이나 타일로 활용하기도 했다.

이즈니크 자기, 새로운 시장을 개척하다

13세기 몽골의 침략이 이어지면서 서아시아 요업(窯業)도 큰 전환점을 맞이했다. 당시 세계 최고 문명권이었던 서아시아와 중국이 몽골로 인해 하나로 결합되면서 서아시아 사람이 색목인이라 불리며 중국으로 건너가기도 하고, 반대로 중국이나 동아시아 사람들이 서아시아로 건너오는 일이 잦아졌다. 이에 따라 서로 가지고 있었던 기술과 문화가 적극적으로 교류되는 현상이 일어났다. 이런 영향하에 14세기, 이란·이집트에서는 중국 청화백자와 청자를 모방한 도자기를 생산하기도 했다. 그리고 터키를 기반으로 시작된 오스만튀르크가 서아시아·유럽·아프리카 등 세 대륙에 걸친 거대한 제국으로 성장하면서 서아시아 요업은 다시 한번 성장하게 되었다.

700년간 이슬람 세계를 통치한 오스만튀르크는 중국 도자기에 대한 관심이 매우 높았는데, 톱카프 궁전에 그 흔적이 고스란히 남아 있다. 오스만튀르크가 전성기를 구가하던 15세기 중반 이후 380여 년간 제국의 중심지 역할을 한 톱카프 궁전은 현재 박물관으로 보수되어 이어져오고 있다. 박물관에 전시된 여러 술탄의 보물 중 동아시아인의 눈길을 끄는 것은 역시나 도자기 전시관이다. 이곳에서는 과거 궁전의 부엌을 개조해 도자기

- **16세기 이즈니크 청화당초문접시(위)와 청화포도문접시(아래)**

  수입된 중국 도자기 덕분에 도자기 산업에 큰 관심을 가지게 된 서아시아에서는 중국 것을 닮은 모방 작품을 생산하기에 이른다.

• **중국에서 제작한 아라비아문자 그릇**
서아시아는 중국 도자기 수출 시장에서 매우 중요한 고객이었으므로 아라비아문자가 적힌 도자기나 서
아시아인들이 좋아하는 문양 등을 장식한 도자기를 특별히 제작했다.

를 전시하고 있다. 오스만튀르크가 한창 전성기일 때 도자기를
가장 많이 쓴 장소인데다 그릇을 보관하는 장소도 바로 근처에
있기에 그런 듯하다.

전시된 대부분의 도자기는 중국 것으로 원·명·청의 도자기가
14~19세기에 시대별 또는 종류별로 다양하게 남아 있다. 베트
남·일본 등의 도자기도 전시되어 오스만의 술탄과 귀족이 동아
시아 도자기 문화에 얼마나 심취했는지 여실히 보여준다. 남아

있는 것만 총 1만 2,000여 점에 가까우며 이 가운데 청화 도자기만 5,373점에 이르는 컬렉션이다.

이렇게 수입된 중국 도자기들은 궁전에서 할례 의식·결혼식·왕실의 주요 행사 등에서 의례 용구나 일상 용품으로 사용되었으며, 대단히 진귀한 그릇으로 인정받았다. 게다가 천자가 있는 나라라 자부하던 중국에서도 오스만튀르크의 술탄에게만은 상당한 대우를 해주었다. 중국에서 흔히 볼 수 있는 일반 수출용 도자기 수준이 아니라 명·청 황실에서 쓰일 만큼 우수한 품질의 도자기를 특별히 제작하여 보낼 정도였다. 자연스럽게 최고 수준의 도자기를 접하게 된 술탄의 눈에는 자국의 요업 발달도 해결해야 할 중요한 문제로 다가왔다. 이에 국가 차원에서 다양한 지원책이 마련되었고, 터키 지역에서 만들어낸 이즈니크(Iznik) 도자기는 16세기 들어와 서아시아를 대표하는 도자기로 떠올랐다.

이곳에서는 여러 흙을 배합하여 높은 온도에서 구워내는 방법으로 유약 아래 코발트로 그림이 장식된 도자기를 선보였다. 높아진 기술 성과로 단순히 형태나 장식 기법만 보면 중국의 것과 거의 유사해 보인다. 하지만 세세히 뜯어보면 중국이 만들어낸 단단한 유리의 질적 수준까지는 올라가지 못했다는 것을 확인할 수 있다.

그럼에도 오스만튀르크에서 만들어낸 이즈니크 도자기는 서아시아 시장에서는 가격 경쟁력이 충분했다. 장거리 해상 이동 등으로 가격이 월등하게 비싸진 중국 도자기가 고급 시장을 겨눈다면 이즈니크 도자기는 그보다 아래 수준의 시장에서 인기를 얻었기 때문이다. 정치적으로 안정되어 서아시아 곳곳에 세워졌던 종교 건축물로 타일 소비가 많아진 것도 이즈니크 도자기를 지탱하는 힘이 되어주었다. 마침내 이즈니크 도자기는 문화 수준이 낮았던 유럽에까지 수출된다. 당시 유럽에서는 서아시아를 거치면서 또다시 가격이 비싸진 중국 도자기보다 서아시아의 도자기가 오히려 경쟁력이 있었다.

한편 오스만튀르크가 도자기를 통해 남긴 문화는 자국의 요업 발달 외에 하나 더 있었다. 당시 오스만의 술탄은 중국 도자기가 지닌 의미가 얼마나 큰지 잘 알고 있었다. 그래서 응접실이나 별궁 등에 도자기 전시관을 두고 중국 도자기로 가득 채워 부와 권력을 자랑하는 공간을 만든다. 중국 밖에서는 구하기 힘들다는 귀한 물건을 가득 채워 넣은 보물의 방에서 외국 사신과 만나면 자연스럽게 술탄의 부와 권력을 자랑하는 효과가 있었다. 이는 오스만튀르크의 영광을 보여주는 것이었다. 마치 요즘 국가들이 세계적인 박물관을 건립하는 효과와 유사하다.

오스만튀르크가 보여준 도자기 전시관은 그와 비슷한 방을 만들고자 하는 열망을 주변으로 퍼뜨렸으며, 시간이 지나자 지중해를 거쳐 널리 유럽 국가에도 전해졌다. 유럽도 여러 국왕과 귀족이 중국 도자기를 구입해 도자기관을 꾸미고자 했다.

임진왜란과 일본의 도자기

일본의 백자에 대한 자부심은 생각보다 훨씬 대단하다. 자신들이 만든 백자가 17세기 이후 유럽·서아시아 등으로 대량 수출되면서 세계 도자기 문화 확장의 한 축을 이루었다고 자부하기 때문이다.

실제로 당시 일본이 만든 백자는 세계에서 거의 유일하게 중국 수준에 버금가는 품질을 선보이면서 엄청난 인기를 누렸다. 베트남·태국 등이 중국풍으로 제작하여 수출한 백자보다 품질이 뛰어났다. 국내 시장에만 안주한 조선백자와도 미적 감각은 둘째 치더라도 실용성과 질적인 면에서 수준을 달리했다. 그래서 오늘날 일본 내 박물관에서는 한국이 고려청자를 자랑하듯 일본이 만든 백자를 선보이고 있다.

다만 일본도 중국 청자를 모방하여 도자기를 제작하던 때가 있었다. 가마쿠라막부와 무로마치막부 시대에는 중국의 송·원과 무역을 통해 중국 청자를 수입했는데, 당시 중국 제품에 영향을 받아 일본에서도 도자기를 생산했다. 종류는 찻잔·항아리·접시 등으로 다양했으나 아쉽게도 질적인 면에서는 부족한 점이 많았다. 승려와 귀족층에 선불교(禪佛敎)가 한창 인기 있던 일본에서는 고급 차 도구 또는 봉헌용으로 중국 청자를 주로 사용했으며 종종 고려청자를 수입하여 이용하기도 했다.

하지만 전국시대가 도래하면서 무려 100년간 죽고 죽이는 전쟁이 지속되자 도자기요도 지탱하기 어려워졌다. 오다 노부나가에 의해 전국 통일의 기틀이 마련될 때까지 지지부진하던 일본 도자기였으나 도요토미 히데요시의 통일 이후, 큰 도시를 중심으로 안정적으로 도자기요가 운영되기 시작했다. 이어 찻잔과 접시 등이 인기리에 다시금 만들어졌다.

조선 도공의 유입과 일본 도자기의 성공

그러나 진정한 도자기 시대는 임진왜란이 끝난 뒤였다. 도요토미는 낮은 신분 출신으로 성공한 인물이라 전통 다이묘들로부터 권위를 존중받기 어려웠다. 이 문제를 해결하기 위해 대륙 침공을 감행했다. 조선에 대한 공격은 결국 실패로 돌아가지만, 이때 포로로 잡아온 조선 도공들로 말미암아 일본 도자기의 역사

• **17세기 아리타 청화백자 산수인물문 접시**
일본에서는 동시대 중국 수출 자기를 모방하면서 서서히 자국 도자기 산업을 구축할 수 있었다.

가 크게 바뀐다.

도쿠가와막부가 성립된 이후 안정된 시기가 다시 찾아오자 조
선 출신 도공들도 일본에 자리를 잡고 도자기를 만들기 시작했
다. 이들이 도자기의 좋은 원료인 고령토를 발견하면서 고급 도
자기를 만들 수 있는 발판이 세워진다. 이렇게 생겨난 도자기 생
산지로는 이마리·아리타·가라쓰가 유명하다. 일본은 이곳에서
다양한 도자기를 만들기 시작했는데, 한동안 일본인이 좋아하던

조선식 찻잔이나 조선 민요에서 생산되는 것과 비슷한 양식의 도자기를 선보였다.

그러다가 때마침 좋은 기회가 열렸으니, 명나라가 무너지고 청나라가 새로 세워지는 혼란 속에 중국 도자기 공급이 어려워진 것이다. 이미 중국 도자기 수출에 대한 수요는 세계적으로 엄청난 상황인지라 유럽 상인을 중심으로 대체할 물건을 찾는 것이 시급했다.

그중 네덜란드는 일본의 도자기 생산 가능성에 주목했고, 그들이 원하는 도자기 도안을 보여주면서 만들 수 있는지 알아보았다. 일본은 이 기회를 놓치지 않았다. 중국의 큰 전란 속에 도공들이 대거 유출되자 일본은 좋은 대우를 보장하며 이들을 적극적으로 받아들였고, 기존의 조선 도공이 다진 기반 위에 중국의 기술이 더해지면서 일본의 도자기 제작 능력은 급속도로 성장하고 있었다. 일본에서 만들어진 도자기에 만족한 네덜란드는 자본을 대거 투자하며 중국식 청화백자를 대규모로 생산하도록 제안했다.

일본 자기, 남다른 개성으로 도자기 수출 시대를 열다

이윽고 17세기 중반에 일본은 명 말기 중국 수출 자기와 유사

- **18세기 아리타 서역인과 서역배가 그려진 접시(위)**

    유럽과의 무역이 중요해지면서 자국 일본 채색 도자기에는 유럽 문물이 그려지기 시작한다.

- **일본식 회화가 그려진 접시(아래)**

    자신들의 제품에 자신감이 붙자 모방을 넘어 일본 회화를 그린 도자기까지 생산하게 되었다. 오히려 유럽에서는 중국 도자기보다 높은 가격에 거래되는 고품질 도자기로 명성을 얻는다.

한 모방품을 제작했고, 17세기 말에는 아예 일본만의 독특한 형태와 장식을 갖춘 도자기가 등장했다. 일본의 화려한 칠기 작품을 도자기 장식에 응용한 것이었다. 다른 상품을 모방하는 수준에서 시작하여 자신들만의 개성을 입히는 데 겨우 30여 년밖에 걸리지 않았다.

독자적인 일본만의 도자기 개성에 흥미를 가진 유럽 귀족들은 중국을 넘어 일본 도자기에도 특별한 관심을 가지고 수집했다. 그 결과 도쿠가와막부 시기에 일본 도자기는 무려 수백만 점이 제작되어 유럽으로 수출되었으니, 가히 중국에 이은 세계적 도자기 생산국 위치에 오른 것이다.

다만 17세기부터 18세기 초까지 제작된, 색채가 들어간 일본 고급 도자기는 수출품 중심으로 생산되었기에 일본 내수 시장에서는 생각 외로 많이 유통되지 않았다. 대부분 다이묘나 쇼군에게 진상품으로 바치는 수준으로 사용되었을 뿐이다.

오히려 당시 일본에서는 자국에서 생산되는 채색 백자보다 용천요 청자를 닮은 일본식 청자 또는 조선식 막사발 찻잔 재현품을 더 선호하고 있었다. 이는 일본인들이 과거부터 중국 도자기의 가치는 인정하면서도 자국 도자기는 높이 평가하지 않아 생긴 현상이었다. 일본 내에서는 중국 도자기에 대한 수요가 여전히 높은 분위기였다. 그 결과 17세기 이후 생산된 일본 도자기는 일본 현지보다 서양의 여러 박물관에서 더 쉽게 많은 숫자를 볼 수 있다. 여전히 수십만 점 이상이 서양 박물관과 미술관에서 전시·소장되고 있는 것으로 파악된다.

강희제 시대 도자기 수출이 재개되자 일본 도자기 생산지는 경쟁력이 약화되면서 한동안 침체기를 겪기도 한다. 그럼에도 일본색이 들어간 독특한 도자기는 유럽·서아시아 등지에서 꾸준히 인기를 누렸다. 18세기에는 조선에서도 일본 도자기를 구입하여 쓸 정도였다.

일본은 성공적인 도자기 수출 시대를 보내면서 자신의 주 고객이었던 유럽 문명에 관한 정보를 어느 정도 쌓았다. 이 과정을 통해 만들어진 넓은 세계관은 산업혁명과 제국주의로 전 세계가 흔들리던 19세기에 들어와 일본 체제를 빠르게 전환하는 데도 도움을 준다.

결국 근대화 이후로는 유럽식 도자기 기술을 습득해 아시아에서 가장 빠르게 근대화·산업화된 도자기 공장이 만들어졌고, 지금도 서구권을 제외하면 질과 개성 모든 부분에서 가장 높은 수준으로 인정받는 도자기 강국으로 이어지고 있다.

03

중세 · 근대 유럽의 도자기 열풍

명 후반부터 중국과 직접 무역을 시작한 유럽은 청 시대에도 당
연히 중국과 무역하기를 원했다. 특히 강희제 23년(1684)에 청나
라의 해상 봉쇄 정책이 폐지되고 네 개의 관이 설치되어 무역을
장려하자 중국이 보유한 차·비단·도자기를 수입하려는 유럽 각
국은 다시금 중국으로 모여들기 시작했다. 이때 가장 적극적으
로 무역을 시도한 나라가 영국이었다. 당시 네덜란드에 이어 신
흥 해상 강국으로 올라선 영국은 그동안 네덜란드가 구축한 동
양 무역로를 장악하고자 했다.

　이처럼 대항해시대를 상징하는 포르투갈·에스파냐를 지나 네
덜란드의 시대도 서서히 저물고 이젠 새로운 강자인 영국의 시
대가 열렸다. 영국은 청 정부와 협상해 유럽 국가 중 가장 먼저
1715년에 광저우 지역에 정식 무역 기구를 설립할 수 있도록 허
락을 받아냈다. 그 뒤 프랑스·네덜란드 등도 뒤따라 정식 무역

기구를 설립한다. 이전처럼 한두 국가가 무역을 독점하는 것이 아닌 여러 유럽 국가가 경쟁적으로 중국 물건을 구하고자 한 것이다.

당시 유럽은 절대왕권 시대의 절정기였다. "짐이 곧 국가"라는 말을 직접 했는지는 정확하지 않지만 그 정도로 왕의 권력이 남달랐던 루이 14세(재위: 1643~1715)가 활약한 시기이기도 했다. 절대왕권 시대는 유럽의 각 나라마다 화려한 왕실 문화와 중상주의 무역 등으로 무역 이권 다툼과 왕실의 명예를 내세우는 전쟁이 난무했다. 그만큼 왕실에 부가 집중되고 귀족 문화가 발달하면서 사치품 소비 욕구도 높았던 시대다.

유럽, 중국 도자 산업을 움직인 큰손이 되다

중국 도자기는 유럽 왕실의 흥을 돋우는 사치품으로 크게 사랑받았다. 영국과 프랑스는 중국에 그들이 원하는 도자기를 대량 주문했고, 이렇게 주문 생산된 도자기는 바다를 통해 유럽에 도착했다. 그 결과 영국 런던에만 중국 도자기를 파는 가게가 50개를 넘어갈 정도였다. 중국 도공은 유럽 각국이 원하는 장식과 그릇 모양, 유약까지 각각 차별화해 맞춤형 자기를 생산해 수출했다. 이는 유럽 각국이 원하는 자기의 형태와 그림이 서로 달랐다

- **유럽 회화에 등장하는 청화백자**

  유럽에서는 다양한 회화에 중국 청화가 등장할 정도로 청화백자의 인기가 대단했다.

는 것을 의미하며, 유럽 왕실이 중국 도자기 산업에 미친 영향력이 상당하다는 것을 알려주는 증거이기도 하다.

이처럼 열정적으로 중국 도자기를 수입한 유럽의 모습은 이들의 문화 세계에서도 잘 드러난다. 당시 유럽 그림을 보면 중국의 청화백자에 탐스러운 과일이나 음식이 담겨 있는 정물화가 유행했다는 사실을 알 수 있다. 베르사유궁전을 비롯한 절대왕권을 대변하는 유럽 궁궐의 경우, 돌로 조각된 수많은 도형 중 중국 청화백자에서 보이는 장식과 유사한 것도 많이 등장한다. 뿐만 아니라 오스만튀르크에서 보이던 도자기 전시실 꾸미기가 포르투갈·에스파냐를 거쳐, 영국·프랑스·독일·러시아까지 유행처럼 번지기 시작했다. 이러한 전시실은 유럽에 여러 곳이 남아 있어 지금도 관람객이 몰려들 정도로 인기가 여전하다.

해외 소비자가 증가하고 무역이 성황을 이루면서 청나라의 도자기 수출은 이미 명 시대를 능가하게 되었다. 그러나 인기가 대단했던 도자기 산업도 청나라 건륭제 후기로 넘어가면서 예전 같지 않았다. 유럽에서 대체 상품이 개발된 것이다.

중국 도자기의 신화를 넘어선 유럽 도자기

유럽에서는 이미 오래전부터 청화백자를 모방해 도자기를 만드는 수공업이 존재했다. 가장 처음에는 이탈리아 메디치가가 도전했는데, 16세기 후반 서아시아 이즈니크 도자기에 영향을 받아 메디치 도자기가 만들어졌다. 그러나 이들의 도전은 아직 서아시아 수준에도 미치지 못했으니 중국의 것과 비교할 수준은 더욱 아니었다.

다음으로 네덜란드 델프트가 도전했다. 동양 무역의 거점으로 발전하던 네덜란드는 중국·일본 청화백자를 모방하기 위해 일본 도자기 생산 기술을 받아들이는 등 메디치가 이상의 노력과 자본을 투자했으며, 실제 기존 서아시아·유럽 도자기와 격이 다른 수준까지 만드는 데 성공했다. 그럼에도 중국 도자기의 수준까지 만들어내는 데는 실패한다. 메디치가와 네덜란드는 당대 유럽 지역에서 상업과 기술 수준이 최고였음에도 중국이 만들어낸 도자기를 만들지 못한 이유는 무엇일까?

그것은 다름 아닌 '고령토'라는 흙의 존재를 몰랐기 때문이다. 백자를 만들기 위해 섭씨 1,300도의 고온에서도 형태를 유지할 수 있는 흙이 필요했지만, 당시 유럽인은 이 흙의 정체를 정확히 알지 못했다. 이들은 단단한 성질을 부여하기 위해 유리나 수정 가루를 백색 흙에 배합한 인공 고령토로 자기를 만들려 했다. 그럼에도 무른 성질을 지니고 있어 질이 그다지 높지 않았다. 결국

- **중국 강희제 청화백자(왼쪽)와 마이센 청화백자(오른쪽)**
  18세기 들어오면서 유럽에서도 중국과 유사한 질을 가진 청화백자가 생산된다. 첫 생산품은 중국과 일본의 도자기를 그대로 모방하는 것에서 시작했다.

고령토의 비밀을 알아내지 못한다면 아무리 많은 자본과 인력을 동원해도 중국이 만들어낸 도자기 수준에 이를 수가 없었다.

그러나 거듭된 실패 끝에 1708년, 독일 마이센에서 처음으로 유럽 자기 생산에 성공한다. 중국 도자기 수집가였던 마이센 영주는 연금술을 하듯 다양한 재료를 배합해 자기 원료를 찾는 노력을 했고, 그 결과 고온에서 도자기를 만들기 위해 필요한 흙,

즉 고령토의 비밀을 찾아냈다. 이를 바탕으로 1710년 설립된 독일의 도자기요에서는 유럽인이 그토록 원했던 단단한 유리질을 지닌 도자기를 생산한다.

다만 처음 만든 유럽 백자는 생산량이 충분하지 않은데 투자비는 많이 들어갔기에 중국산에 비해 한 점당 가격이 훨씬 비싸 시장에서 통용되는 건 무리였다. 그러나 단단한 도자기를 생산하는 데 성공한 뒤 유럽에서 가격 경쟁력이 높은 도자기가 생산되는 건 시간문제였다.

18세기 중반이 되면 독일·프랑스·영국·이탈리아 등지에서 수준 높은 유럽 자기들이 속속 생산되기 시작했다. 이 가운데 영국에서 제작한 본차이나(bone china)의 경우, 소뼈를 갈아 원료로 사용하여 흙이 지닌 단단한 성질을 더욱 강화했는데, 이와 유사하게 유럽에서는 다양한 성분을 흙에 추가함으로써 이제는 중국의 도자기보다 훨씬 단단하고 잘 깨지지 않는 자기를 만들 수 있었다.

기술력에 자신감이 생기자 수백 년간 선망했던 청화백자뿐만 아니라 유럽만의 개성이 드러나는 색채 자기도 제작했다. 귀족의 풍경이나 꽃과 과일 등이 장식된 색채 도자기는 중국 색채 자기 이상의 질을 보여준다.

이에 따라 유럽의 고급 도자기 시장은 중국 도자기에서 유럽

• **1740년 마이센 찻잔과 커피잔 세트**

18세기 중반이 되면 유럽 전체에서 질 높은 도자기를 생산하기 시작했고, 어느덧 자신들의 이야기를 도자기에 그려 넣었다. 이와 함께 중국의 도자기 독점 시장도 막을 내렸다.

도자기로 빠르게 재편되기 시작했고, 유럽 왕실에서는 자국 도자기 공장을 특별히 관리하며 부가가치가 높은 도자기를 생산하도록 독려했다.

이로써 도자기 무역은 오랜 중국 독점 생산의 막을 내리고 유럽의 도자기 산업이 그 배턴을 이어받는다. 이후 19세기 산업혁명과 함께 유럽에서 만든 도자기들은 전 세계를 휩쓸었으며, 지금도 이때 만들어진 성과를 바탕으로 명성을 이어가고 있다.

제5장 세계로 퍼져나가는 도자기 문화

도쿄에 위치한 일본 민예관은 도쿄 외곽에 있지만 소문을 듣고 한국인이 자주 방문한다. 규모가 그리 크지는 않지만 전체적으로 비슷한 미감을 바탕으로 하는 공예품들이 전시되어 있다. 세계 여러 지역의 공예품을 소장하고 있는데 투박하면서도 실용적인 것으로 통일되어 있다.

한(恨)과 소박함, 굴절된 조선의 미

한국인의 눈에 띄는 것은 2층에 위치한 조선 시대 전시실이다. 조선이 만든 백자·청화백자·민요 도자기 등이 배치되어 있다. 작품들이 미술관의 통일된 색깔처럼 세련되고 깔끔하기보다는 하나같이 담담하고 자연스러운 소박미(美)가 강조되어 있어 묘한 느낌을 준다.

이곳을 만든 야나기 무네요시는 일제강점기 때 미술 평론가이

• 일본 민예관

일본 도쿄에 있는 민예관으로, 일본을 비롯해 한국, 중국 등의 민예품 1만 7,000여 점을 소장하고 있다. 도자기·회화·조각 등 다양한 민속 공예품을 볼 수 있다.

자 민예 연구자다. 그는 조선을 스물한 차례 방문하면서 조선 민족의 정서에 관한 연구를 지속했는데, 특히 조선이 남긴 공예품에서 그것을 찾고자 노력했다. 조선 공예품뿐만 아니라 세계의 대중적인 공예품에서 동일하게 나타나는 미감으로서 예술이란 '만들어진 것이 아니라 태어난 것' 또는 '무심' '무작위' '무의식'이라는 개념으로 설명한다.

그렇다면 야나기 무네요시가 생각하는 중국·일본·조선 예술의 차이는 무엇이었을까?

"중국의 예술은 의지의 예술이며, 일본은 정취의 예술이다. 조선의 예술은 애수 어린 미(美)다. 슬픔만이 슬픔을 위로해준다. 이 민족은 주어진 숙명을 미에 의해 따습게 하고, 그것을 무한의 세계로 연결하려고 했다."

-야나기 무네요시, 『한민족과 그 예술』

야나기 무네요시는 한국의 미에 대해 한(恨)이라는 개념으로 다가갔고 그가 정립한 한국의 미는 일본뿐만 아니라 한국에서 오히려 널리 퍼졌다. 근대 이후 계속된 실패의 결과로 한반도가 식민지 시대와 6·25 전쟁, 남북 대립 등을 경험하면서 '한의 민족'은 한국을 상징하는 대중적 이미지로 인식되었다.

근래 2000년대 중반 이후에는 아시아를 넘어 세계 경제 기준에서도 한국이 당당한 선진국 위치에 오르며 한의 민족이라는 이미지에서 조금씩 벗어나기 시작했다. 과거 패배주의적인 사고 방식을 극복하면서 이 개념이 희석되었기 때문이다. 물론 오래 전부터 해당 개념에 제국주의적 가치관이 들어갔다는 비판도 있었다. 그럼에도 과거보다는 약해졌지만 100여 년이 지난 지금도 여전히 이어지고 있다는 점에서 분명 한국에 대단한 영향력을 미쳤음을 알 수 있다. 다만 야나기 무네요시 이전에도 한국의 미를 비슷하게 해석한 일본인이 있었다.

- **고려완**

  일본에는 고려완이라 불리는 찻잔이 지금도 많이 남아 있다. 이름난 다인이나 다이묘가 사용한 이력이
  붙을수록 그 가치는 더욱 높아졌다.

일본에서는 무로마치막부 시대를 거치면서 차 문화가 대중화되었다. 다이묘를 비롯하여 사무라이 계층에게도 좋은 차와 차 도구를 구하는 것이 관심사였다. 문화가 성숙되자 중국과 다른 일본식 다도 풍습이 하나둘 갖추어졌고, 단순히 중국의 차 문화를 모방하는 문화에서 벗어나면서 차 도구 역시 일본인의 관점에 맞는 것으로 다양하게 대체되기 시작했다.

기존의 중국산 고급 청자 다완뿐만 아니라 서민이 자연스럽게 차를 즐길 수 있는 그릇도 서서히 자리 잡는다. 이 과정에서 차를 즐기는 진정한 맛은 무엇에도 얽매이지 않는 상태를 향해 가는 것이며, 이를 위해서는 그릇도 작위 없는 아름다움을 추구해야 한다는 일본식 차 문화가 성립되었다.

현재 일본에는 독특한 차 문화를 상징하는, 16세기에 제작된 조선 그릇이 많이 남아 있다. 대부분이 당시 조선 서민들의 실생활 그릇으로 쓰인 것으로 큰 의미를 부여할 필요가 전혀 없었다. 하지만 일본으로 옮겨지자 그릇에는 큰 의미가 새롭게 부여되었다. 이름 모를 장인이 순간적이고 단순하게 만들어낸 소박하고 담백한 모양이 자연과 가까운 무작위의 결과라 여긴 것이다. 하나둘 수입된 조선식 막그릇이나 분청사기에는 이를 소장한 당대 유명 다인(茶人)이나 다이묘의 전설이 새겨지면서 가치가 높아졌

• **일본식 다완**
도쿠가와막부 시대 일본의 도자기 생산 문화가 크게 발달하자 과거 중국·한국 찻잔을 사용하는 것에서,
이제는 일본 철학을 바탕으로 일본식으로 생산한 찻잔이 각광을 받는다.

다. 이 찻잔은 일본에서 보통 '고려완'이라 불린다.

임진왜란 당시 일본으로 잡혀간 도공들에게 처음 맡겨진 작
업도 일본의 미감이 담긴 조선 찻잔을 만드는 것이었다. 17세기,
임진왜란 이후 조선과 무역이 재개되자 부산 왜관에서도 일본의
미감이 담긴 조선 찻잔을 한동안 제작해 수출했다.

그렇다 하더라도 이것이 한국을 대표하는 미(美)라 보기는 힘
들다. 엄밀히 말하면 일본인이 보는 제한된 한국의 모습일 뿐이

다. 실제 막그릇이 만들어질 시점인 16세기에 조선에서는 상당한 수준의 백자가 생산되었고 청화백자 역시 중국풍을 닮아 정교하고 화려한 미감을 보여주고 있었다.

일본에서 유행한 조선 찻잔은 그런 점에서 일본의 문화를 대변하는 것이며, 조선은 시장에 맞추어 소비자가 원하는 도자기를 생산해 판매한다고 보는 것이 타당하다. 유럽 미감에 맞추어 제작·수출된 중국 도자기를 중국 문화의 전부라 해석하는 것과 유사한 종류의 오판이다.

'한국의 미'에 갇혀버린 조선 도자기

하지만 17세기 이후 세계적으로 대단한 열풍을 몰던 도자기 수출 시대에 한국이 한 일은 별로 없었다. 임진왜란과 병자호란의 고통 속에서 질 좋은 도자기를 생산하는 능력을 완전히 잃게 된 조선은 17세기에 들어와 다시금 도자기 생산을 이어갔다. 그러나 질과 생산량에서 결코 중국과 일본을 이길 수 없었다. 이에 세계시장의 유행과는 동떨어진 개성적인 도자기들이 생산될 수밖에 없었고, 결국 일제강점기가 되자 일본인은 조선의 도자기에 다시금 과거 일본의 다인들이 가지고 있던 관점을 투영했다. 중국·일본 것보다 질적 완성도는 떨어지지만 소박함과 담백함

· **18세기 달항아리**

높이 44.5센티미터의 백자 항아리다. 보물 제1424호로 지정되었으나, 그 가치를 인정받아 2007년에 국
보 제309호로 승격되었다.

이 담겨 있는 무작위의 가치로 해석되었다.

이런 개념으로 해석된 대표적인 도자기로 '달항아리'가 있다.
근대 이후 달항아리는 소박하고 맏며느리의 포근함이 느껴진
다는 평을 받고 있으나 실제 만들 당시에는 간장이나 장을 담는
데 사용되던 실용품에 불과했다. 소박하고 거친 형태 역시 의도
된 것이 아니었다. 17세기부터 18세기 초 무렵까지도 조선에서

는 큰 백자를 만드는 기술이 부족해 위아래를 따로 제작해 붙이는 방법으로 도자기를 만들었다. 하지만 그 무게를 이겨내지 못하여 찌그러지고 거친 형태가 탄생했다. 냉정하게 말하면 명백한 기술상 한계다. 그런데 근현대적 기준에서는 무작위의 가치를 그대로 표현한 것이었기에 달항아리야말로 한국적 미(美)의 극치라고 재해석되었다. 지금은 전 세계 유명 박물관의 한국관이라면 달항아리를 하나쯤 소장해야 명성이 유지될 정도로 인기를 얻게 되었다. 일본이 해석한 한국의 색이 세계적으로도 이처럼 공교하게 남게 된 것이다.

결국 앞으로는 한국인의 눈으로 해석한 한국 도자기 이야기가 생겨날 수 있도록 형태·기술과 관련한 단순한 연구를 넘어 도자기 속 당대 사상과 철학도 이해하려는 분위기가 필요하다. 물론 아시아 도자기의 대규모 수출 시기에 유독 조선만 소외된 이유에 대해 객관적으로 원인을 분석해보는 것도 중요하다. 같은 시점에 중국·일본·베트남도 도자기 수출이 가능했는데, 왜 한국은 도전조차 하지 못했던 것일까? 역사적으로 아쉬움이 남는 대목이다.

세계 곳곳에 들어선 도자기 전시실

도자기는 중국에서 가장 먼저 만들어진 공예품이었으나 시간이 흘러 현재는 전 세계인이 사용하는 물건이 되었다. 이 과정에서 중국의 도자기 문화는 한국·베트남·일본 등의 도자기 생산에도 영향을 미쳤으며, 시일이 더 지나자 서아시아·유럽도 독자적인 도자기를 만들었다. 세계 곳곳에 도자기 전시관이 생겨난 지금은 다양한 도자기의 역사를 박물관·미술관을 통해 이해할 수 있다. 한국에서는 국립중앙박물관·삼성미술관 리움·호림박물관이 대표적이다. 그중 국립중앙박물관은 한국의 토기부터 고려청자·조선백자 등을 전시하여 교육과 연구 분야에서 국내 최고의 수준을 보여주고 있다. 중국·일본도 국립박물관을 포함한 여러 기관과 사립박물관·미술관에서 도자기를 중요한 기물로 전시한다.

그러나 아시아 지역에서 세계 도자기 역사를 전체적으로 확인할 수 있는 전시관을 찾는 일은 쉽지 않다. 한국·중국은 자국

• **세브르 국립도자기박물관**
프랑스를 넘어 유럽의 도자기 문화에 대한 자부심을 느낄 수 있는 박물관이다.

도자기를 중심으로 전시하고 있으며, 일본도 한국·중국보다 사정은 낮지만 아시아 도자기가 대부분이다. 하지만 서구권에서는 루브르박물관·영국박물관·메트로폴리탄 등 이름난 박물관에서 다양한 국가가 생산해낸 도자기를 대규모로 소장·전시하고 있다. 이 책에서 먼저 소개하고자 하는 박물관은 바로 세브르 국립도자기박물관이다.

도자기 확장의 역사를 총망라 한 세브르 국립도자기박물관

세브르 국립도자기박물관은 프랑스 파리 교외에 있는데, 비교적 이른 시기인 1824년에 설립되었다. 처음 만든 사람은 세브르 도자기 공장의 감독을 지낸 브롱니아르(Alexandre Brongniart)다. 1927년부터는 도자기 공장에서 독립한 뒤 국립으로 운영되고 있다. 사실 이곳을 만드는 데 큰 공을 세운 '세브르 도자기'는 1740년, 루이 15세의 후원으로 만들어진 도자기 제작소이다. 1710년, 유럽에서 최초로 자기를 생산하기 시작한 독일 마이센 도자기를 견제하기 위해 설립되었다. 오랜 기간 정부의 지원을 받은 이곳 왕립 도자기 생산소는 위상이 대단했는데, 세브르의 지역명이 유럽 도자기를 대표하는 이름으로 올라선 사실로도 충분히 이해할 수 있다.

현재 세브르 국립도자기박물관에서는 프랑스뿐만 아니라 세계 각국의 도자기를 전시하고 있다. 5,000점의 세브르 생산품을 포함하여 약 5만 점에 이르는 소장품이 있다. 중국이 자랑하는 원나라 청화백자부터 조선·일본·서아시아·네덜란드 델프트·독일 마이센 등의 도자기까지 보유하고 있어 자국 도자기가 만들어지기 전 역사를 족보처럼 선보이고 있다.

원나라 청화백자로 시작된 백자의 새로운 도전이 조선·일본을 거친 후, 서아시아·네덜란드 델프트·독일 마이센에 이어 프랑스 세브르까지 도착하는 과정을 보여준다. 결국 시대를 거치며 도자기를 만들어내던 각 나라의 기술 성과가 최종으로 진화·완성된 곳이 바로 프랑스라는 뜻을 담고 있다. 이처럼 세계 도자기를 한곳으로 모은 후 스토리텔링을 잘 구성하여 전시한 만큼 세브르 도자기를 포함하여 세계 도자기 역사에 대한 이야기를 집중도 있게 즐길 수 있다. 이밖에 프랑스 마르세유·네덜란드 델프트·독일 마이센 등도 세브르와 비슷한 형식으로 유럽 도자기를 전시하고 있으며, 중세·근대 도자기 확장의 역사가 유럽에서 어떤 모습으로 이어졌는지 설명해주고 있다.

점차 늘어가는 서아시아 도자기 전시관

한편 한국에서는 중국 도자기·일본 도자기, 나아가 유럽 도자기까지 여러 정보를 통해 접하는 경우가 많으나, 서아시아의 이슬람 도자기가 어떤 모습인지 만나보기는 쉽지 않다. 하지만 세계 도자기 교류의 역사에서 서아시아의 역할은 분명 중요한 부분이라 하겠다.

당연히 서아시아의 여러 국가에서는 그들이 만들어온 다양한 도자기를 전시하고 있는데, 대표적으로 톱카프 궁전이나 이집트 카이로의 이슬람 도자기 박물관 등이 있다. 이들은 서아시아에서 제작했던 다양한 도자기를 소장하고 있으며, 우리에게는 이

질적으로 보이나 화려하고 아름다운 장식이 일품인 이슬람 도자기를 만날 기회를 제공한다. 뿐만 아니라, 최근에 석유·금융 등으로 명성을 높이고 있는 서아시아 국가 중에는 박물관과 미술관 건립에 엄청난 공을 들이는 곳이 많다.

이 가운데 카타르와 아부다비가 대표적인데, 이들은 박물관과 미술관을 통해 중동 지역의 문화 중심국으로 올라서려는 목표가 강하다. 이에 문화 시설에 다양한 지원을 아끼지 않고 있으며, 서구의 유명 박물관과 교류하며 박물관을 운영해 상당히 세련된 분위기를 연출하고 있다.

이슬람 문화권인 만큼 서아시아가 만들었던 도자기들을 전시하고 있는데, 대표적인 곳으로 카타르 도하에 위치한 이슬람 박물관이 있다. 박물관 건축물은 루브르 유리 피라미드를 디자인한 것으로 유명한 이오 밍 페이의 손을 거쳐서 역시나 볼만하다. 이곳의 다양한 전시품 중 이슬람 도자기도 전시의 메인 주제로 선택되어 지정된 공간에 가득 전시되어 있으며, 이를 통해 자연스럽게 서아시아 도자기가 지닌 미감을 확인해볼 수 있다.

도자기가 전 세계로 확장된 결과, 현재 수많은 국가에서 자국 도자기 문화를 홍보하고 전시하는 공간을 마련하고 있다. 이들 도자기를 눈으로 직접 볼 기회가 생긴다면 다양한 국가·지역의 개성을 담은 작품들이 얼마나 매력적인지 새롭게 느낄 수 있을 것이다.

도자기는 분명 예술품의 가치도 있으나 근본적으로는 실용품으로 만들어져 특정 시대와 장소의 생활과 문화를 자연스럽게 담고 있다. 이것을 세밀히 파악하고 해석하는 눈이 생긴다면 도자기를 통해 세계 문화를 이해하는 통찰력도 자연스럽게 갖출 수 있을 것이다.

우리와 가장 가까운 공예품

하나의 공예품이 대중적인 상품이 되어 퍼져나가는 모습, 이는 자본주의사회에 사는 우리에게는 너무나 쉽게 만날 수 있는 일상이다. 그런데 규모와 속도에서 차이가 있었을 뿐, 과거 인류의 역사를 살펴보면 꾸준히 반복되어 일어났던 일이기도 하다. 도자기가 그 대표적인 공예품이다.

새로운 고급 도자기가 만들어지면 기술이 퍼지면서 어느덧 양산 체제에 들어가고, 이것을 구입하여 쓰는 소비층이 주된 생산국인 중국을 넘어 아시아, 유럽으로 퍼지면서 자연스럽게 도자기도 다양한 문화와 접목되며 발전했다.

하지만 책을 통해 살펴본 도자기의 역사는 사실 극히 일부분에 불과하며 더 많은 역사를 알고 싶다면 박물관에 들러 직접 눈으로 보고 확인하는 작업이 반드시 필요하다. 요즘 세계의 다양한 박물관에서는 도자기를 여러 각도로 해석할 수 있도록 잘 전시하고 있다. 따라서 단순히 '한국이 세계에서 두 번째로 청자를 만든 나라'라는 자부심을 가지고 있던 한국인들에게도 여러 나라에서 만든 도자기를 있는 그대로 객관적인 관점으로 이해하는 데 도움을 줄 것이다.

중국의 백자가 서아시아의 코발트와 만나서 청화백자가 탄생한 예에서 볼 수 있듯이, 다양한 문화에 대한 이해와 접목은 자신이 알고 있던 것을 넘어서는 새로운 창조도 가능케 한다. 나만의 생각을 넘어 다양한 가치를 이해하고 해석하는 것이 얼마나 중요한 일인지도 도자기의 역사를 통해 알 수 있다. 도자기는 하나의 공예품이자 실용품이지만 그만큼 사람과 가깝게 지내며 발전했기에 문화와 역사를 품고 있다. 도자기를 통해 세계와 역사를 읽는 눈이 생긴다면 다른 공예품도 가치를 파악하고 해석하는 데 큰 도움을 줄 것이다. 이것이 스스로 찾아가며 습득하는 진짜 살아있는 역사 공부가 아닐까 싶다.

참고문헌

1. 국내서적

강경숙, 『한국 도자사』, 일지사, 2001.

국립중앙박물관, 『베트남, 삶과 문화』 전시도록, 국립중앙박물관, 2007.

국립중앙박물관, 『王이 사랑한 보물』 전시도록, 국립중앙박물관, 2017.

국립중앙박물관, 『프랑스 도자기 명품전』 전시도록, 통천문화사, 2000.

국립중앙박물관 미술부, 『국립중앙박물관 소장 중국 도자』, 예경, 2007.

방병선, 『순백으로 빚어낸 조선의 마음 백자』, 돌베개, 2002.

방병선, 『왕조실록을 통해 본 조선 도자사』, 고려대학교출판부, 2005.

방병선, 『중국도자사 연구』, 경인문화사, 2012.

임상렬, 『경덕진도록』, 일지사, 2004.

조선관요박물관, 『동서도자유물의 보고전』 전시도록, 조선관요박물관, 2007.

주경철, 『대항해시대』, 서울대학교출판부, 2008.

2. 번역서적

마가렛, 메들리 김영원 옮김, 『중국도자사』, 열화당, 1986.

미스기 다카토시, 김인규 옮김, 『동서도자교류사』, 눌와, 2001.

미야자키 이치시다, 조병한 편역, 『중국사』, 역민사, 1989.

버나드, 루이스 김호동 옮김, 『이슬람 1400년』, 까치, 2001.

버나드, 루이스 이희수 옮김, 『중동의 역사』, 까치, 1998.

스기야마 마사아키, 『몽골세계제국』, 임대희 옮김, 신서원, 1999.

연표

시기	내용
기원전 1500년경	원시 청자 출현.
기원전 100년경	기술적으로 청자의 시작.
960년	송나라 개국, 청자의 최전성기.
11세기	고려에서 고급 청자 생산 시작.
13세기	중국 용천요의 부상, 수출 청자의 전성기.
14세기 중반	원나라에서 청화백자 생산.
14세기 후반	베트남에서 청화백자 생산.
1368년	명나라 개국, 청화백자의 최전성기.
15세기 중반	조선에서 청화백자 생산.
16세기	서아시아에서 도자기 산업 발달.
17세기	명나라와 유럽 간 도자기 무역이 크게 발달.
17세기 중반	일본에서 도자기 생산 및 수출 시작.
18세기	중국(청나라) 도자기의 마지막 전성기.
1708년	독일 마이센에서 유럽 최초 백자 생산.
18세기 중반	유럽 전역에서 자기 생산.
19세기	유럽의 산업혁명과 함께 근대적 도자기 생산·발달.

생각하는 힘-세계사컬렉션 18

도자기로 본 세계사
문화 교류가 빚어낸 인류의 도자 문화사

펴낸날	초판 1쇄 2020년 3월 2일
	초판 2쇄 2021년 8월 10일

지은이	**황윤**
펴낸이	**심만수**
펴낸곳	**(주)살림출판사**
출판등록	**1989년 11월 1일 제9-210호**

주소	경기도 파주시 광인사길 30
전화	031-955-1350 팩스 031-624-1356
홈페이지	http://www.sallimbooks.com
이메일	book@sallimbooks.com

ISBN	978-89-522-3853-5 04900
	978-89-522-3910-5 04900(세트)

※ 값은 뒤표지에 있습니다.
※ 잘못 만들어진 책은 구입하신 서점에서 바꾸어 드립니다.
※ 각각의 그림에 대한 저작권을 찾아보았지만, 찾아지지 못한 그림은
　저작권자를 알려주시면 대가를 지불하겠습니다.

지도 일러스트 **김태욱**